GERAÇÃO
Y

SIDNEI OLIVEIRA

GERAÇÃO Y

SER POTENCIAL OU SER TALENTO? FAÇA POR MERECER

Integrare
EDITORA

Copyright © 2011 Sidnei Oliveira
Copyright © 2011 Integrare Editora e Livraria Ltda.

Publisher
Maurício Machado

Supervisora editorial
Luciana M. Tiba

Assistente editorial
Deborah Mattos

Coordenação, arte e produção editorial
Crayon Editorial

Preparação de texto
Fernanda Marão

Revisão
Bárbara Borges
Marisa Rosa Teixeira

Capa
Alberto Mateus

Dados Internacionais de Catalogação na Publicação (CIP)
(Câmara Brasileira do Livro, SP, Brasil)

Oliveira, Sidnei
 Geração Y : ser potencial ou ser talento? faça por merecer/
Sidnei Oliveira. -- São Paulo : Integrare Editora, 2011

 Bibliografia.
 ISBN 978-85-99362-66-2

 1. Administração de conflitos 2. Carreira profissional -
Desenvolvimento 3. Competências 4. Comportamento organizacional
5. Conflito de gerações 6. Jovens - Comportamento 7. Jovens
- Trabalho 8. Recursos humanos 9. Relações entre gerações 10.
Relações interpessoais I. Título.

11-03862   CDD-650.13

Índices para catálogo sistemático:

1. Jovens : Competências : Carreira profissional :
Desenvolvimento : Administração 650.13

Todos os direitos reservados à INTEGRARE EDITORA E LIVRARIA LTDA.
Rua Tabapuã, 1123, 7º andar, conj. 71/74
CEP 04533-014 - São Paulo - SP - Brasil
Tel. (55) (11) 3562-8590
Visite nosso site: www.integrareeditora.com.br

SUMÁRIO

Agradecimentos 7
Apresentação 9

Prefácio 13

1 • Mudanças – O desafio das prioridades
O ninho da águia 19
Jovem para sempre 22
Qual é o sonho? 27

2 • A carreira ainda existe...
A busca de uma carreira de vida 35
Escolhas estratégicas 38
Ser potencial ou ser talento? 44

3 • É hora de trabalhar
O profissional nas redes sociais 55
O estagiário e o *trainee* 63
Manual de sobrevivência do novato 68
Cadê o meu mentor? 71

4 • As novas competências
FOCO: Resultados e inovação 75
ESTILO: Colaboração e individualidade 79
EXPECTATIVAS: Reconhecimento e informalidade 81

5 • Virei chefe, e agora?

Meu amigo, meu subordinado 93

Tem veterano na minha equipe 97

Não quero trabalhar no inferno! 101

6 • Foco, Geração Y, foco!

Onde tá pegando? 107

Escolhas, sempre as escolhas! 115

Quando 4 vale 10 124

Bibliografia 135

AGRADECIMENTOS

É UMA IMENSA ALEGRIA poder publicar um livro com contribuições tão ricas e especiais. Ter o privilégio de ouvir depoimentos e conhecer experiências é o principal combustível de minha motivação em escrever. Cada um que esteve comigo durante a construção deste projeto merece toda minha gratidão.

Dedico sempre a minha amada família

À Walkiria, minha Linda companheira, sempre presente, dedicada e delicada em suas observações e *feedbacks*. O apoio e incentivo surgem em momentos inusitados e ações inesperadas. Você merece sempre um beijo carinhoso.

À minha filha Amanda, minha eterna revisora gramatical e conceitual. Sendo da *Geração Y*, trouxe ricos depoimentos e comportamentos que ajudaram a consolidar conceitos.

Ao meu filho Rodrigo, que caminha para suas escolhas definitivas, demonstrando sem medo suas inseguranças e sua maturidade. Ele tem Sara a seu lado, que chega com muita alegria a nossa família e já colabora com esta obra.

Dedico e agradeço aos meus amigos

Vicente Picarelli, grande amigo, seu entusiasmo com a vida inspira e me faz acreditar na juventude eterna. Sua experiência foi muito preciosa na construção de diversos conceitos que apresento neste livro.

Sofia Esteves, amiga e mentora nesta trajetória. Seu profissionalismo é uma fonte constante de inspiração. Recebo seus conselhos com muita humildade e alegria.

José Augusto Minarelli, verdadeiro conselheiro. Sua generosidade em compartilhar a própria trajetória de vida, traz sempre reflexões sobre o verdadeiro papel que devemos desempenhar quando estamos influenciando pessoas.

Paula Mendes, Laura Furine, Giovanni Minelli, Mayara Almeida, Marcos Santos, Bruna de Castro, Vinicius de Tarso, Camile Yamane, Edson Cavalcante Jr., Fernanda Emboaba, Tiago Brasil, Carina Freitas e Luiz Bartelli, todos jovens da *Geração Y* que trouxeram ricos depoimentos e que emprestaram suas experiências para que conceitos fossem sedimentados.

Mauricio Machado, Luciana Tiba, Julio Quattrucci e equipe, o entusiasmo e a dedicação de vocês é sempre estimulante e indispensável. Tenho orgulho em pertencer ao time de autores da Integrare Editora. Contarei sempre com os conselhos e com a visão estratégica que vocês dedicam a cada obra.

APRESENTAÇÃO

Todo o mundo tem um talento.
O que é raro é a coragem
de seguir o talento para o
lugar escuro onde ele leva.

ERICA JONG

Faça por merecer!

CERTA VEZ, UM IMPERADOR assumiu o trono de seu reino disposto a fazer um grande governo. Com esse objetivo, convocou todos os sábios da região, para que eles apresentassem conselhos sobre como ele deveria agir para cumprir a difícil tarefa.

Os sábios reuniram-se durante vários dias e depois de muitas reflexões concluíram que a melhor forma de ajudar o novo rei era dar-lhe dois envelopes, cada um com um conselho.

Retornaram ao rei e lhe entregaram os envelopes explicando que cada um continha um conselho precioso e somente deveriam ser abertos em momentos determinados. O primeiro envelope era azul. Explicaram ao rei que ele deveria ser aberto *quando o reino estivesse caminhando muito bem*. O outro era verde e deveria ser aberto *somente quando o reino estivesse passando por problemas terríveis.*

Depois de alguns anos, o país prosperava, não havia guerras e o povo estava muito feliz com tudo o que tinha conquistado. O rei estava tão satisfeito com seu reinado que decidiu abrir o envelope azul. Nele encontrou um dos conselhos dos sábios:

O que está acontecendo não é para sempre!
Isso vai passar, esteja preparado!

O rei ficou um pouco perplexo, pois esperava algum conselho mais grandioso e positivo, e não um alerta sombrio. De qualquer forma, continuou seu reinado e alguns anos depois houve uma série de acontecimentos terríveis. Uma grande seca atingiu a região e, pela primeira vez, seu povo sentiu fome. Também surgiram algumas pragas que acabaram com as plantações e trouxeram muitas doenças. Os eventos climáticos afetaram outros países próximos, e a disputa por alimento provocou conflitos com os reinos vizinhos.

O rei estava muito triste. Sentia-se impotente, derrotado e sem alternativas. Lembrou-se do envelope azul e do conselho que havia recebido e, mesmo relutante, decidiu abrir o envelope verde. Lá encontrou a seguinte frase:

O que está acontecendo não é para sempre!
Isso vai passar, esteja preparado!

Contaram-me essa história há algum tempo, quando vivia momentos turbulentos e tinha de fazer escolhas difíceis.

Hoje vejo muitos jovens ansiosos e até frustrados por estarem diante de momentos importantes em suas vidas – o tempo das primeiras escolhas – e avaliarem seu futuro como difícil e sem solução. Temem ter vidas incompletas e medíocres. Claro que esse não é um cenário generalizado, pois os jovens da *Geração Y* são paradoxais; há sempre um misto de otimismo e expectativa que os faz considerar o futuro como os melhores tempos que virão.

De fato, há motivos reais para uma perspectiva mais positiva. Os jovens da *Geração Y* são os primeiros a se beneficiar do futuro, pois chegam à vida adulta contando com uma série de facilidades que não eram possíveis ou não estavam disponíveis no passado. Além disso, podem contar com todos os avanços tecnológicos e com as possibilidades de interação imediata e sem custo com qualquer pessoa no planeta, criando assim mais condições para ser profissionais competitivos.

Esse cenário positivo não é absurdo, pois ele é o resultado de muitos esforços conjugados e de escolhas dos últimos anos – escolhas certas e erradas. Evidentemente é um cenário que traz desafios enormes para a *Geração Y*, pois ela deve *fazer por merecer* esses privilégios, usando todos os talentos que possuem para proporcionar às gerações futuras os avanços que ainda não foram alcançados, principalmente aqueles que promovam um melhor padrão de vida para a sociedade e a correta gestão do meio ambiente.

A *Geração Y* está em seu melhor momento, basta ter paciência, principalmente com os veteranos que ainda ocupam o lugar que ela deseja. **O jovem precisa saber que a fila vai andar, mas somente para quem estiver na fila.**

PREFÁCIO

Desenvolver, potencializar e conectar são os verbos que vão determinar a boa acolhida e as condições adequadas de crescimento aos jovens da Geração Y no ambiente empresarial.

Três conceitos básicos da "linguagem Y"

MAIS UMA VEZ SIDNEI OLIVEIRA nos premia com uma excelente visão dessa geração interessante e intrigante denominada "Y". No momento em que essa geração, formada por jovens nascidos entre 1983 e 1994, começa a dominar a paisagem em escritórios de empresas de todos os portes, perfis e setores, é natural que as organizações comecem a rever sua maneira de pensar e principalmente seus mecanismos de relacionamento. Tudo por conta de jovens inteligentes que, quando a internet surgiu, ainda eram bebês, crianças ou, no máximo, pré-adolescentes. Hoje eles são adultos prematuros, rapidamente amadurecidos, que, uma vez finalizado seu ciclo de graduação, chegam ao mercado em busca de espaço – muito espaço, aliás.

É natural que, como muitos de suas antecessoras, a *Geração Y* pense que sabe tudo. E talvez seja, de fato, a mais bem preparada entre todas as que já chegaram ao mercado. Esses jovens são altamente bem informados. Familiarizados desde cedo com a internet, dominam com facilidade todas as tecnologias disponíveis. São curiosos, hiperativos, geralmente pouco preconceituosos, comunicativos e quase sempre ambiciosos.

Para os jovens Y, o mundo – como a internet – não tem limites. E assim são no trabalho. Precisam sempre de novos desafios. Essa vontade, por vezes, traz à tona também outras características típicas desses profissionais: tendem a ser imediatistas e autoconfiantes em excesso, correndo o risco de se tornar superficiais e um tanto arrogantes. Estão sempre ansiosos demais para crescer rápido e – talvez o maior risco para as organizações – são desapegados da empresa. Esse distanciamento assusta os gestores de recursos humanos, e talvez aí esteja a primeira grande mudança pela qual as organizações devem passar.

É certo que as empresas não devem temer esse profissional. É surpreendente ter de admitir que eles foram criados em nossas próprias casas, aprendendo com liberdade de escolha e criatividade. Agora que são livres e criativos, devemos ensiná-los a usar essas características no trabalho.

Dentre as ações práticas que as empresas podem tomar para receber bem e fazer a integração entre as gerações, três conceitos devem ser respeitados: desenvolver, potencializar e conectar. O primeiro deles implica principalmente conhecer e identificar o déficit de conhecimento que esse jovem profissional traz ao vir da universidade. É preciso descobrir quais competências estão faltando e gerenciar suas expectativas. A partir disso, é possível criar meios para estimular os recém-chegados. Algumas ferramentas podem ajudar nessa hora, como o *e-learning* e a própria prática diária.

Uma vez identificado o *gap* de conhecimento dessa geração e desenvolvido o seu potencial com novas informações, chega o momento de potencializar esse conhecimento. Para isso, o jovem Y deve ser auxiliado a descobrir como pode ajudar a organização dentro de sua estrutura. É preciso que haja espaço na empresa, na cultura da corporação. A partir desse espaço, o jovem profissional que não obteve tanto sucesso na área comercial, por exemplo, pode ir muito bem no desenvolvimento de produtos.

O terceiro conceito a ser valorizado na relação com esse novo profissional – a conexão – aplica-se não apenas do ponto de vista tecnológico, mas, principalmente, na interação com outros seres humanos, profissionais mais experientes ou não, pessoas que estejam desenvolvendo ideias e soluções. Para isso, o segredo é permitir que esse jovem se comunique com gerentes, líderes e outros funcionários como ele por meio de ferramentas tecnológicas e possa, sobretudo, trocar ideias.

Fazer o prefácio deste livro foi um prazer para mim, e gostaria de finalizar dizendo que é fundamental, enfim, abrir portas. Se, no passado, quem tinha informação a monopolizava e com ela tinha o poder, hoje poderoso é aquele que sabe compartilhar seu conhecimento e, mediante esse intercâmbio, criar mais conhecimento. E o jovem da *Geração Y* sabe disso. Vamos aprender com ele!

VICENTE PICARELLI FILHO
Sócio-líder da Consultoria em Gestão de Capital Humano da Deloitte

O NINHO DA ÁGUIA
JOVEM PARA SEMPRE
QUAL É O SONHO?

MUDANÇAS – O DESAFIO DAS PRIORIDADES

Primeiro, diga a si mesmo o que você
quer ser; e então faça o que tem a fazer.

EPICTETUS

O ninho da águia

MAIS UMA VEZ A ÁGUIA chega com uma presa para alimentar seus filhotes. São tempos difíceis, o clima inconstante está afastando a caça, os pequenos animais agora permanecem mais tempo em seus abrigos, fugindo não apenas dos predadores, mas também do calor sufocante que destrói boa parte dos alimentos. Dessa vez, a águia teve dificuldades para encontrar um bom lugar para montar seu ninho. Os penhascos mais altos e próximos dos alimentos foram ocupados rapidamente, obrigando-a a ser ainda mais estratégica e persistente para criar um abrigo que acomodasse seus três filhotes.

No começo, o ninho estava bastante seguro e confortável, e até mesmo a águia encontrava ali um bom lugar para repousar. Contudo, com o crescimento dos filhotes, o ninho começou a ficar pequeno e tornou-se comum a águia encontrá-los brigando entre si, muitas vezes com feridas provocadas pelas bicadas mútuas. O tempo já estava dando seus sinais, e a águia sabia que estava chegando o momento de submeter seus filhotes ao ritual que significaria a continuidade de sua família. Seria o momento do primeiro grande voo.

Num dia ensolarado a águia novamente se prepara para caçar seu alimento, mas antes olha diretamente para cada um de seus filhotes e, em um rápido movimento, expulsa-os do ninho atirando-os pelo penhasco. Os instantes seguintes são tomados por uma tempestade de sentimentos contraditórios e confusos. Os filhotes, que até aquele momento conheceram apenas a proteção e os cuidados da mãe, estão em uma queda vertiginosa, com o vento forte espancando seu corpo.

Nada, até aquele momento, demonstrava que a águia tomaria uma atitude tão radical. Para os filhotes, a sensação de rejeição e perplexidade se confundia com o medo e a angústia. Era a primeira vez que cada um deles experimentava uma realidade diferente e, julgando pela violência do que estavam sentindo, a vida fora do ninho era absurdamente desconfortável e agressiva.

MUDANÇAS – O DESAFIO DAS PRIORIDADES

Qualquer um dos filhotes, naquele momento, teria o direito de questionar por qual razão a águia os havia trazido ao mundo – afinal, não deixa de parecer sádico dar a vida a um ser e depois atirá-lo para a morte certa na queda de um penhasco.

Durante a queda cada um procura em si mesmo algum recurso que possa eliminar o desconforto absurdo por que está passando. Gritar chamando pela águia é a primeira alternativa, mas demonstra não ter efeito algum. Agitar as pequenas garras, que muitas vezes foram fundamentais na disputa do alimento com os irmãos, não parece ser eficaz contra o vento. Além disso, enquanto cada filhote rodopia sem controle, um breve pensamento de acusação culpava a águia pela atitude insana.

Após infinitos segundos, uma força instintiva faz que cada filhote abra suas asas – descobrindo, assim, que podem controlar aquela situação sustentando seu corpo com a ajuda da velocidade que alcançaram durante a queda. O momento é único, eles ainda estão um pouco assustados com a súbita parada no ar. Enquanto voam, procuram entender o que está acontecendo e logo percebem que sempre puderam voar, apenas não sabiam disto.

Depois de alguns momentos de voo, percebem a águia voando atrás deles. Ela estava totalmente vigilante, cuidando para que a experiência fosse boa e sem acidentes irreparáveis. Ela se mostrou exatamente no momento em que os filhotes já estavam dominando a técnica de voo e, sem perder tempo, fez uma manobra no ar, mergulhando em direção a um pequeno roedor. Com as garras prendeu o pequeno animal e em seguida, diferentemente do que sempre fazia, comeu a presa.

Tudo ficou claro. A partir de agora, cada filhote deveria caçar o próprio alimento.

E não foi só isso que mudou...

Quando os filhotes começam a voar de volta ao ninho, percebem o enorme esforço necessário para chegar até ele, como nunca antes tinham feito. Ao chegar ao alto do penhasco, notam que estão diferentes – com a abertura das asas, os músculos ficaram maiores e mais fortes – e já não cabem no ninho, por isso terão também de procurar um novo abrigo.

Aquela queda foi a primeira, a única verdadeira e sem dúvida a mais importante na vida dos filhotes. Nada mais seria igual depois dessa experiência. As lembranças do ninho da águia estarão sempre presentes e serão uma referência constante para a construção de seus próprios ninhos.

Jovem para sempre

A NATUREZA DESENVOLVEU sua sabedoria pelo método mais objetivo e simples que existe – os erros e acertos – e levou muito tempo para chegar às fórmulas que protegem e preservam sua existência. Independentemente disso, sempre ficamos surpresos e impressionados com as analogias que podemos fazer usando essa sabedoria e a existência humana.

Tomando como exemplo a experiência da águia e de seus filhotes, rapidamente concluímos que é sábio e desejado que sejamos autossuficientes e independentes, tomando nossas próprias decisões e assumindo as consequências de cada uma delas. Para isso, não precisamos saltar de um penhasco – afinal, não temos asas –, mas aprecio a analogia que podemos extrair dessa história.

Atualmente muitos jovens relutam em "saltar" para sua independência, pois estão acostumados com o padrão de vida que seus pais proporcionam. O ninho está sempre confortável – cada vez maior e mais adequado às suas expectativas –, e os pais desenvolveram um comportamento mais próximo, mais parecido com o de um amigo, e essa atitude é um obstáculo para impulsionar o movimento que simboliza o salto do penhasco. É muito comum encontrar pais que nem querem considerar essa possibilidade.

Para as gerações veteranas (X e *baby-boomers*), é um desafio enorme acreditar no potencial de "voo" dos mais jovens. As motivações são variadas e paradoxais, mesclando argumentos que remetem a sentimentos de amor e cuidado com a vida do jovem e críticas pela falta de foco e compromisso com as próprias expectativas, levando ao julgamento de imaturidade para se aproximar do penhasco e ousar fazer o "voo".

Esses argumentos são válidos em algumas circunstâncias. Muitos jovens estão focados em manter o estilo de vida que possuem no convívio com seus pais, centrando suas preocupações nas dificuldades que enfrentam para se colocar profissionalmente de maneira aceitável, isto é, de forma que possam sustentar um padrão de vida no mínimo equivalente ao que possuem atualmente. Essa aspiração não é errada, na realidade é ótima, pois demonstra o desejo de se autodesenvolver. Contudo, ocorrem distorções importantes na forma como os jovens estão buscando essa realização pessoal.

A impressão mais forte é que se tem instalado na *Geração Y* um sentimento de que os pais, os professores, os líderes, enfim, os veteranos, têm obrigação de criar as condições ideais para que eles possam alcançar o desenvolvimento e o padrão que desejam. É muito comum vermos jovens dizendo que não possuem algo como um carro ou não fazem faculdade porque os pais não podem pagar. Esse tipo de atitude apenas reforça o ceticismo dos veteranos quanto ao potencial dos jovens.

Evidentemente que o jovem, quando é confrontado com esses argumentos, reage com energia, negando totalmente esse tipo de comportamento. A alegação mais comum é de que, por ser o mundo atual mais complexo e competitivo do que no tempo de seus pais, eles têm de enfrentar mais dificuldades que em outras épocas.

O jovem da *Geração Y* não aceita a chancela de "acomodado". Ele sempre argumenta que quer ser responsável pelo próprio sustento e ter espaço para morar e viver da forma que acha mais adequada; contudo, ainda reluta em abrir mão das facilidades que possui para batalhar pela própria independência. Na verdade, esse jovem estabelece

MUDANÇAS – O DESAFIO DAS PRIORIDADES

um padrão extremamente elevado para se posicionar profissionalmente. Começar "por baixo" é uma possibilidade difícil de sustentar por mais que alguns meses.

Entretanto, os desafios não estão apenas do lado dos jovens. De fato eles têm certa razão, pois realmente precisam lidar com um cenário novo, composto por pessoas que buscam estender sua própria juventude por mais tempo.

Os veteranos dos dias atuais estão descobrindo que o aumento da expectativa de vida lhes permite (e até os pressiona a) estabelecer novas expectativas, principalmente as profissionais. Uma pessoa que iniciou suas atividades com 20 anos de idade e trabalhou nos últimos trinta anos percebe agora, aos 50 anos, que ainda possui vigor físico e mental para continuar trabalhando e certamente tem muito interesse em permanecer dessa forma, afinal tem o desafio de manter o próprio padrão de vida.

Na busca pela juventude estendida, encontramos veteranos se requalificando em programas de pós-graduação ou até com uma nova graduação, tentando manter-se competitivos ou mesmo se preparando para uma segunda carreira profissional. De qualquer forma, nas duas opções, os veteranos têm como objetivo continuar no mercado de trabalho, principalmente quando estão concorrendo com jovens cada vez mais qualificados academicamente.

Eis a raiz do atual conflito geracional: as pessoas estão competindo por um espaço cada vez mais restrito por causa do crescimento populacional e da busca constante por

GERAÇÃO Y

aumento de produtividade com redução de custo. O ambiente corporativo tornou-se extremamente complexo e os modelos de gestão de pessoal que permitiam o desenvolvimento de jovens profissionais sofreram profunda alteração.

Não existe mais o vínculo entre o exercício da liderança e a formação de sucessores. Os veteranos passaram a se omitir do papel de "águia", deixando de se responsabilizar pelo desenvolvimento dos jovens profissionais. Além disso, assim como os pais atuais ampliam suas residências para manter o conforto de seus filhos, gestores deixam de expor os jovens profissionais aos desafios mais complexos que podem colocar os resultados em risco.

A primeira consequência direta dessa atitude é que as empresas se tornam cada vez mais veteranas, com suas lideranças compostas basicamente por profissionais acima de 30 anos – idade que parece ter sido eleita para qualificar alguém para receber desafios de gestão. O fato mais intrigante é que justamente os líderes atuais, com mais de 40 anos, foram desafiados a controlar cargos de gestão em idade inferior aos 25 anos. Certamente as circunstâncias anteriores, que não exigiam formação universitária para cargos de chefia, associadas ao fato de um jovem ingressar no ambiente corporativo ainda na adolescência, contribuíram muito para essa realidade.

A segunda consequência tem vínculo com o comportamento dos jovens profissionais: aumento da rotatividade no emprego e dificuldade de engajamento principalmente na

Qual é o sonho?

Atualmente, descobrir quais são as expectativas dos jovens se tornou um grande desafio para as gerações veteranas. Pais perdem a paciência com seus filhos, educadores sofrem com a insubordinação de seus alunos e gestores ficam perplexos diante da aparente falta de comprometimento e foco dos novos profissionais.

Estamos diante de um novo momento de ruptura comportamental, semelhante ao que se viu nos anos 1960-1970. Novos costumes culturais surgem com maior velocidade, e a adaptação constante é agora uma necessidade básica diante dos avanços tecnológicos.

Para tornar o contexto ainda mais complexo, as mudanças não acontecem todas de uma vez, elas vão se instalando em ritmos distintos. Algumas vezes a novidade surge e é assimilada em poucas semanas, como ocorreu atualmente com as TVs de LED em 3D e os *smartphones*. Outras vezes ela surge de modo mais orgânico, leva anos para ser incorporada e só é percebida quando já faz parte de nosso estilo de vida, como aconteceu com os *e-mails*, a internet e os celulares, para os quais foram necessários quinze anos até se tornarem tecnologias comuns, quase sempre indispensáveis.

GERAÇÃO Y

Contudo, não é apenas na tecnologia que está o desafio de adaptação, mas também nas relações pessoais que são comandadas por comportamentos, atitudes, objetivos, expectativas e sonhos. Esses elementos, que formam o novo padrão de relacionamento, também mudaram de forma profunda e já não possuem muitas conexões com os modelos e as referências do passado.

Um erro muito frequente é pressionar as pessoas a adotar posturas e fazer escolhas usando as mesmas premissas que foram utilizadas com sucesso em outra época. Parece óbvio que essa atitude irracional dificilmente trará efeitos positivos, entretanto é isso mesmo o que se espera, pois é com essas referências que as pessoas são julgadas, principalmente os jovens. Um exemplo de premissa deslocada no tempo é a questão da relação do empregado com a empresa. Por muito tempo, valorizou-se o funcionário que dedicava toda sua vida a uma mesma corporação. Atribuíam-se a esse servidor algumas características comportamentais que certamente moldariam seu futuro profissional; contudo, no contexto atual, dificilmente seriam consideradas.

As características mais comuns eram:

1 • **Fidelidade corporativa.** A medida de confiança depositada pela corporação estava diretamente ligada à disponibilidade do funcionário em se desvincular de qualquer realidade exterior, principalmente aquelas

que envolvessem empresas concorrentes. A simples atitude de se colocar em posição de receber uma proposta para sair da empresa era considerada um ato de traição com a consequente ruptura de contrato. Essa característica era relevante quando se tratava de preservar segredos e estratégias empresariais. No entanto, o contexto atual, marcado por fusões e incorporações globais, levou o conceito de fidelidade a um novo entendimento, passando obrigatoriamente pelo alinhamento dos valores pessoais com os valores corporativos.

2 • Comprometimento. A dedicação quase religiosa às causas da empresa gerava profissionais dispostos a omitir-se de dimensões importantes em suas vidas, como a família e a saúde, e muitas vezes anular os próprios objetivos profissionais, inclusive o de autodesenvolvimento.

A hipercompetitividade, inaugurada em 1990 com a reengenharia, promoveu rupturas unilaterais de contratos, trocando-se funcionários leais por profissionais mais qualificados. Cuidar do próprio desenvolvimento passou a significar empregabilidade e crescimento de padrão de vida. A nova equação agora é: quanto mais diversificados são a experiência e o conhecimento, mais qualificado e comprometido é o profissional.

3 • O vencedor sempre tem mais chance de vitória. Quem realizasse um excelente trabalho em alguma circunstância teria uma garantia de estabilidade, pois confiava-se que os resultados passados garantiriam os resultados futuros.

Em um mercado completamente mobilizado por inovação e totalmente globalizado, nunca mais isso será possível. Em algum lugar no mundo sempre haverá um profissional criativo, qualificado e com uma abordagem diferenciada podendo trazer um resultado melhor que o anterior.

4 • O bom profissional sabe separar as coisas. Esta sempre foi a diretriz corporativa para gestores manterem os problemas pessoais de suas equipes bem distantes da empresa. Atribuíam a essa diretriz conceitos de concentração e foco, buscando a redução de erros e o aumento de produtividade.

A dinâmica de vida atual, absolutamente inundada pela tecnologia de uso pessoal criou uma nova realidade, em que as pessoas passaram a integrar partes de suas funções profissionais no tempo que reservam a outras atividades. Pode-se afirmar que a vida profissional invadiu a vida pessoal. Como consequência, a expectativa dos profissionais também mudou e agora busca refletir a possibilidade de equilibrar o trabalho com as demais dimensões pessoais dando total importância à qualidade de vida.

MUDANÇAS – O DESAFIO DAS PRIORIDADES

5 • Quanto mais tempo de casa, mais competente. Superestimava-se a experiência corporativa de um profissional. Muitas vezes o julgamento se baseava em aspectos duvidosos, dando méritos ao funcionário que suportou pressões por anos, por isso era mais bem "forjado". Normalmente isso proporcionava relevante diferencial no momento de serem escolhidos os futuros gestores. Ser "prata da casa" era 50% da exigência para se tornar gestor, mesmo que não houvesse qualificação técnica ou acadêmica.

Essa é a característica mais subjetiva e complexa de hoje, pois alguns fatores contribuem para que ela ainda seja uma diretriz verdadeira em muitos aspectos.

O fator mais relevante é o aumento da expectativa de vida dos profissionais mais experientes, que passam a buscar a requalificação e a consequente manutenção de suas posições. Como possuem a experiência, tornam-se extremamente competentes, apresentando resultados significativos para as empresas.

Entretanto, há um efeito colateral nesse movimento de adaptação incomum no ambiente corporativo – é o atraso na formação de sucessores, principalmente na liderança. Com os profissionais veteranos apresentando resultados em padrões elevados de produtividade e erros menores, os desafios que propiciam o desenvolvimento não são apresentados aos profissionais mais jovens, provocando a desmotivação e, consequentemente, o descompromisso com a empresa.

GERAÇÃO Y

Esses aspectos ficam mais evidentes quando analisamos os resultados de algumas pesquisas sobre as expectativas dos jovens profissionais, como por exemplo a questão da **fidelidade corporativa**:

61% ouviria a nova proposta e se fosse interessante trocaria de emprego.
36% ouviria a nova proposta, mesmo sabendo que não trocaria de empresa.
2% não ouviria a nova proposta.

(FONTE – EMPRESAS DOS SONHOS DO JOVEM 2010 – CIA. DE TALENTOS)

O jovem profissional é absolutamente aberto a novas oportunidades, pois tem consciência de que precisará de experiências diversificadas para ser considerado competente e qualificado. Ele não julga falta de lealdade estar aberto a outras oportunidades; aliás, em muitos casos acredita que estará se qualificando ainda mais, até para uma futura oportunidade na empresa em que está atualmente.

Esse fato certamente provoca muita controvérsia nas empresas, pois representa aumento de custos com contratação e treinamento de profissionais. Com esse dilema, é bastante comum tentar identificar quais fatores levam um jovem a se desinteressar por uma empresa, e os principais são:

27% não ter um bom ambiente de trabalho
16% não oferecer desenvolvimento profissional

MUDANÇAS – O DESAFIO DAS PRIORIDADES

11% não ter qualidade de vida

9% não ter possibilidade de crescimento na carreira

(FONTE – EMPRESAS DOS SONHOS DO JOVEM 2010 – CIA. DE TALENTOS)

Todos esses aspectos refletem o atual estágio nas relações entre profissionais e empresas. Porém, não é o caso de elevar o jovem de hoje a uma categoria especial, promovendo mudanças apenas para atender a seus caprichos e desejos. Tornou-se muito importante buscar a inovação nos modelos de gestão, resgatando antigas premissas de mentoria e promovendo a devida contextualização para os novos comportamentos dos jovens profissionais.

É no jovem que está a maior parte da solução, por isso é importante que ele tenha consciência de que "adiar" uma decisão já é uma escolha e, como tal, passiva de consequências em sua vida.

A BUSCA DE UMA CARREIRA DE VIDA
ESCOLHAS ESTRATÉGICAS
SER POTENCIAL OU SER TALENTO?

2

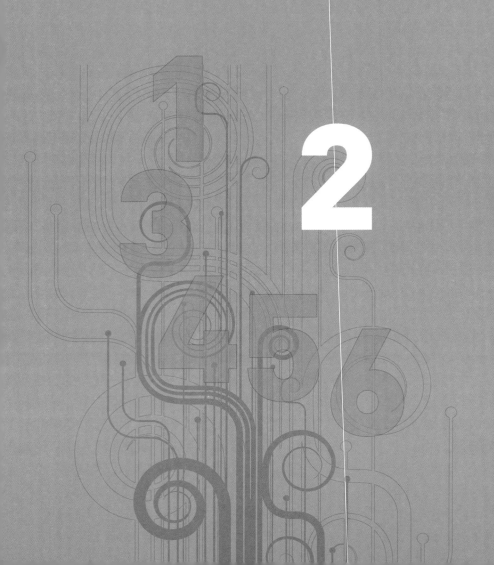

A CARREIRA
AINDA EXISTE...

*Obstáculos são aquelas coisas assustadoras que
você vê quando desvia seus olhos de sua meta.*

HENRY FORD

A busca de uma carreira de vida

O PRIMEIRO DIA DE TRABALHO na empresa é mágico. Depois de
diversos exames e entrevistas, o jovem alcança o sonhado
primeiro emprego – um dos principais ritos de passagem
da vida. Agora o jovem não é mais apenas um estudante, é
um profissional.

Muitas expectativas se mesclam aos sonhos de sucesso
e realização; é o início de uma nova fase com inúmeros desafios que são, na verdade, o principal combustível para seguir adiante. Os primeiros lideres, que serão exemplos, são

GERAÇÃO Y

apresentados e seus modelos de trabalho ajudarão a formar a expectativa de uma carreira de muito reconhecimento. Tudo o que acontece é emocionante, e os olhos brilham a cada nova tarefa realizada.

Qualquer profissional que já passou por essa situação sabe que, por mais que pareça inocente e ingênua, a experiência é marcante e fica cristalizada na memória por toda a vida. Contudo, nos tempos atuais, diversos fatores alteram os acontecimentos após esse dia mágico. Os desafios dão lugar às tarefas cansativas, os líderes se transformam em competidores agindo muitas vezes com incoerência, a cobrança por resultados é a única constante e o reconhecimento assume aspecto abstrato e distante.

O tempo todo vemos pessoas insatisfeitas com sua profissão, buscando sem cessar compensações e benefícios que tornem o trabalho minimamente suportável e projetando sua felicidade em algum momento no futuro, mesmo que seja no fim de sua trajetória como profissional. Seria então uma utopia considerar o trabalho algo gratificante?

Nos tempos atuais, observamos que a tênue separação entre o "pessoal" e o "profissional" já não reflete a realidade na dinâmica de trabalho das pessoas. Hoje, *e-mails* são respondidos durante festas de aniversário, relatórios são preparados na cama enquanto se assiste ao filme favorito, negócios são fechados durante caminhadas em parques e em muitas outras situações análogas. Pode-se afirmar com segurança que, de algum modo, o trabalho invadiu a vida pessoal. Como consequência direta desse cenário, cada vez mais os profissionais buscam empregos em que possam também contemplar sua vida pessoal. No ambiente de trabalho estão mais valorizadas a flexibilidade e a informalidade que permitam trazer aspectos pessoais para a rotina do trabalho. Também se espera dos chefes um comportamento coerente que promova o autodesenvolvimento por meio de desafios.

No campo das ideias e dos conceitos essa realidade é perfeita, mas para que ela possa fluir sem problemas é preciso também que o conceito de "carreira profissional" seja remodelado individualmente.

Por muitos anos a carreira profissional esteve associada à ampliação de desafios e ao reconhecimento pessoal, criando assim uma correlação absolutamente impraticável nos dias atuais, pois os níveis hierárquicos estão cada vez menores e a quantidade de posições disponíveis no "alto da pirâmide" organizacional reduz a cada crise mundial.

Devemos realinhar nossas expectativas de "carreira" lembrando que, com a ampliação da expectativa de vida, dificilmente teremos apenas uma "profissão" em nossas vidas. Precisamos concentrar nossos esforços e expectativas de desenvolvimento pessoal em desafios e projetos e não mais em uma carreira, sabendo que a profissão ou o emprego atual é só um meio para algo muito mais verdadeiro que a carreira profissional. As expectativas sobre títulos e cargos já não podem ser consideradas mais relevantes do que os desafios que vencemos e as formas que utilizamos para superá-los.

Durante nossa trajetória, teremos bons empregos e péssimos chefes ou ótimos líderes e terríveis ambientes de trabalho; as escolhas e o modo empregado para realizá-las vão determinar a verdadeira carreira.

O grande legado do jovem, seu supremo reconhecimento, não acontecerá por uma carreira profissional, mas por sua carreira de vida.

Escolhas estratégicas

UM DOS MAIORES DESAFIOS que os jovens profissionais enfrentam é o de serem bem-sucedidos em suas carreiras. Uma carreira medíocre não é mais aceita no mundo corporativo, muito menos o fracasso. A realidade atual é pouco tolerante com os perdedores. Falhar é sinônimo de derrota e resulta em consequências negativas – sempre! A origem desse pensamento é complexa, mas certamente passa pela postura que os pais adotaram no caminho para a educação de seus filhos nos últimos 25 anos.

Com a abertura mais ampla no mercado de trabalho para as mulheres, a configuração da família se alterou, permitindo que ambos, pai e mãe, contribuíssem com o orçamento doméstico. Além disso, a evolução dos métodos contraceptivos permitiu planejar melhor a quantidade de filhos, ou seja, tornou possível fazer um programa estratégico para o futuro familiar.

A CARREIRA AINDA EXISTE...

Essa mudança criou condições para algumas escolhas dos pais, que já na primeira infância de seus filhos investiram em uma formação diferenciada – por exemplo, matriculando as crianças em um colégio particular ou em cursos complementares de idiomas. O surgimento dos computadores e da internet também proporcionou a configuração perfeita para fornecer aos filhos todas as condições para que eles pudessem se diferenciar no mercado de trabalho. Esse comportamento dos pais faz parte de um grande investimento no futuro, evidentemente com uma elevada expectativa de retorno.

Claro que essa realidade não representa um padrão universal, afinal cada família investe somente de acordo com suas possibilidades. Contudo, as expectativas estão instaladas na mente dos pais, que oferecem aos filhos um forte preparo esperando que sejam um sucesso na vida adulta. Esse conceito ficou sedimentado de tal forma na sociedade depois dos anos 1980 que hoje também faz parte das expectativas da juventude. Suportar essa pressão é algo que afeta profundamente as escolhas dos jovens.

Há um conceito amplamente difundido de que o jovem não planeja seu futuro por não saber o que quer e por não ter foco suficiente para completar a trajetória que deseja. Felizmente, tenho encontrado muitos jovens que estão desmontando esse conceito sendo ousados e ambiciosos em suas escolhas, com metas claras e seguras.

Visitando uma siderúrgica, conheci um jovem de 24 anos de idade, estagiário na área de saúde e segurança. Ele me chamou a atenção em determinado momento, quando interrompeu nossa visita pelas diferentes áreas da empresa e se dirigiu a um grupo de operários. O grupo era formado principalmente por pessoas mais velhas do que ele, que possuíam muita experiência na operação e estavam próximas a uma máquina, em uma pequena pausa para a manutenção no equipamento que estavam utilizando.

Ele nos orientou a ficar parados em uma área segura, previamente preparada para esse tipo de pausa, dando instruções claras para aguardar o seu retorno. Em seguida, aproximou-se do grupo de operários e conversou com eles com atitude firme, mas sem rigidez. Depois soubemos que ele interrompeu nossa caminhada para dar orientações àquele grupo, pois estavam trabalhando sem alguns equipamentos de segurança. Fiquei impressionado com a atitude do grupo de veteranos que mantiveram o respeito e deram atendimento imediato às orientações daquele estagiário.

Minha primeira impressão foi de que eles estavam atendendo não o jovem, mas à área que ele representava; contudo, vi essa cena se repetir mais algumas vezes, inclusive na forma como ele se dirigia à nossa equipe de visitantes para prestar as orientações.

Em uma pausa, decidi entrevistá-lo e soube que ele estava trabalhando como estagiário naquela siderúrgica a menos de sete meses. Havia se submetido aos exames de seleção concorrendo com centenas de candidatos e, depois de várias entrevistas e testes, tinha conquistado a vaga.

A CARREIRA AINDA EXISTE...

Questionei sobre as suas expectativas profissionais e ele, quase imediatamente, respondeu que pretendia ser o diretor executivo de saúde e segurança de uma siderúrgica como aquela que estávamos visitando. Para caminhar rumo a esse objetivo, disse que tinha feito um curso de técnico em saúde e segurança no Serviço Nacional de Aprendizagem Industrial (Senai), instituição de formação profissional mantida pelas indústrias brasileiras, e isso o qualificou para disputar a vaga de estagiário naquela siderúrgica.

Quando perguntei sobre quanto tempo achava que levaria para ser diretor, tive uma surpresa – ele esperava atingir esse cargo em cinco a sete anos. Evidentemente reagi a essa resposta e, procurando entender como ele havia estabelecido esse prazo, questionei se ele não achava que seria necessário um curso superior para ocupar um cargo de tamanha responsabilidade. Ele respondeu afirmativamente dizendo saber disso, tanto que já estava se programando para, em alguns meses, iniciar o curso de Engenharia de Manutenção em uma faculdade pública.

A rapidez e a objetividade de suas respostas me levaram a continuar questionando de forma mais exploratória, pois sua maneira de pensar me pareceu incomum. Tive a sensação de que havia ingenuidade ou desinformação nas perspectivas daquele estagiário e de que talvez eu estivesse diante de uma oportunidade de orientá-lo profissionalmente.

Continuando nossa conversa, argumentei que considerava muito curto o prazo que ele havia estabelecido para

41

chegar à diretoria e que provavelmente não seria alcançado. Eu me questionava quais seriam os motivos para ele adiar o início do curso superior, afinal, com a idade que tinha, já deveria estar formado. Ele contou que quando ainda era adolescente seu pai teve problemas financeiros e depois de muitas dificuldades conseguiu um trabalho na Itália, tendo por isso de se mudar com toda a família. Lá ele continuou seus estudos e se formou em Psicologia pela Universidade de Firenze.

Novamente surpreendido, perguntei por que ele não havia procurado um estágio ou mesmo se candidatado a um programa de *trainees* na área em que se formou. É fato que minhas referências pessoais tiveram peso nessa argumentação, pois, para mim, profissionais com essa formação acadêmica e trabalhando na área de RH certamente teriam mais alinhamentos e maiores contribuições para a empresa.

Ele concordou, mas disse que se tivesse feito esse tipo de escolha estaria se afastando de seu objetivo. Além disso, entendia que poderia contribuir muito mais com a área de saúde e segurança, pois havia estudado bastante o comportamento das pessoas e gostaria de desenvolver processos e equipamentos que contemplassem o fator humano, pois assim seria mais fácil garantir que os profissionais adotariam as normas de segurança quando estivessem trabalhando.

Confesso que seu ponto de vista sobre o executivo de saúde e segurança não deixa de ser coerente e inovador. Eu estava inquieto com sua segurança e tranquilidade ao vê-lo

A CARREIRA AINDA EXISTE...

descrever seus planos, ainda mais quando ele me disse que essa experiência internacional deu-lhe a oportunidade de aperfeiçoar idiomas como o inglês e o espanhol, além do português, sua língua materna, e do italiano que se tornou necessário em sua jornada.

Concluí estar diante de um profissional que era único, tinha uma atitude perseverante e sabia aproveitar todas as oportunidades. Mas ainda estava incomodado, pois com toda essa experiência e qualificação ele certamente teria condições de arrumar um trabalho muito mais bem remunerado. Decidi fazer uma última pergunta abordando essa situação, pois parecia haver algo errado em todo esse cenário. Ou ele era um profissional teimoso e limitado ou estava vendo algo que ninguém mais via.

Ele contou que sabia que poderia ganhar cinco a oito vezes mais, pois já havia estado nessa situação antes de entrar na siderúrgica. Disse que para fazer o curso técnico ele precisou trabalhar e arrumou um emprego em um restaurante sofisticado. Depois de algum tempo e usando suas qualificações, ele alcançou a posição de *sommelier*, fazendo retiradas que, entre salário e gorjetas, superavam muito seu ganho atual como estagiário.

Diante da perplexidade de minha reação, ele explicou que sua escolha foi estratégica, pois como *sommelier* teria um crescimento profissional limitado, com uma experiência restrita ao círculo de restaurantes da cidade onde dificilmente faria uso de toda sua qualificação, alcançada com muito

GERAÇÃO Y

sacrifício. Ele entendia que, sendo jovem e sem outros compromissos além do próprio sustento, se mantivesse a trajetória de *sommelier* com as possibilidades de ganhos, em breve constituiria família e os compromissos o afastariam de seu objetivo. Ele tinha bem claro que suas chances seriam muito maiores se recuasse estrategicamente em seus ganhos financeiros, pois assim teria acesso à área em que pretende desenvolver sua carreira e ganharia experiência.

Finalizou seu raciocínio dizendo que, quando estiver formado em Engenharia, certamente já terá acumulado uma boa experiência profissional e obtido uma qualificação diferenciada por também ser psicólogo, o que lhe traria ótimas chances de se tornar o diretor de saúde e segurança em uma grande empresa, no Brasil ou nos outros oitenta países nos quais ele tem fluência de idiomas sendo o poliglota que é.

Ser potencial ou ser talento?

Conhecendo a história do estagiário, é inevitável avaliá-lo como um profissional especial, dono de uma atitude formidável e de uma perseverança única. Podemos até considerá-lo certo em sua estratégia. Na verdade, existe muita coerência e há reais possibilidades de que ele alcance seu objetivo nos próximos cinco ou sete anos.

Então como deveríamos classificá-lo? Ele é o que poderia ser considerado um jovem talento e por isso será um sucesso em qualquer atividade em que decidir se envolver?

É um profissional com potencial por ter uma meta desafiadora e disposição para segui-la ou apenas uma pessoa com uma trajetória diferente e curiosa?

Pesquisando a atitude profissional de milhares de jovens da *Geração Y*, pude identificar alguns padrões que ajudam a classificar esses comportamentos e podem estabelecer algumas referências importantes para as escolhas que os jovens profissionais precisam fazer no início da carreira pessoal.

OPERACIONAL

O primeiro comportamento que o jovem profissional adota em sua jornada é o de ser **operacional**. Não é uma referência a uma carreira como operador em alguma indústria, mas à atitude assumida diante dos desafios do trabalho escolhido.

Alguns profissionais decidem estabelecer uma relação absolutamente monetária com seus empregos, cumprindo todas as suas obrigações com disciplina, atingindo suas metas profissionais e sendo, muitas vezes, considerados competentes. Diversas pessoas conseguem trilhar toda sua vida profissional com essa atitude. Se forem eficientes e apresentarem bons resultados, serão promovidas, ganharão prêmios e receberão reconhecimento por toda colaboração que prestarem às empresas com as quais se relacionam, contudo não podemos considerá-las potenciais ou talentosas.

Esses profissionais têm motivações desconectadas dos objetivos da empresa. Desejam conquistar o padrão de vida que projetaram e consideram o emprego apenas um meio para alcançá-lo. São suscetíveis aos padrões e principalmente à cultura organizacional, alinhando-se sempre às forças políticas dominantes na empresa e não necessariamente aos valores e à missão corporativa.

Como consequência desse posicionamento, esses profissionais estão sempre mais expostos às influências de mercado, considerando qualquer possibilidade uma questão de custo × benefício, ou seja, o principal balizador da relação com a empresa será o salário e o pacote de benefícios.

Esse grupo representa uma grande parte dos empregados nas empresas, por isso sempre estão sujeitos a processos e disciplinas rígidas além de ações motivacionais como campanhas e prêmios, que essencialmente têm o objetivo de promover maior produtividade individual, permitindo que a empresa tenha o melhor retorno sobre o profissional.

POTENCIAL

Em algum momento de sua trajetória profissional o jovem será desafiado pelas circunstâncias e terá a possibilidade de expor algum diferencial em sua postura profissional. Se estiver atento a esse momento, certamente será considerado um **potencial**.

Esse é um posicionamento que muitas vezes não se atribui a uma decisão pessoal – algo com algum controle individual. Normalmente, ser visto como potencial é considerado mero acaso, ou seja, acontece somente quando surge uma oportunidade especial e há algum gestor observando. Como ocorre no esporte, um "olheiro" pode estar na arquibancada quando surge uma oportunidade de jogada especial e o atleta faz um grande lance.

Ser um profissional potencial é muito mais amplo e complexo e certamente não se deve apenas ao acaso. Uma pessoa que queira ser identificada como potencial precisa alinhar alguns fatores com perspectivas distintas, uma pessoal e outra pública:

PERSPECTIVAS PESSOAIS são os fatores internos, que não são necessariamente expostos, mas estabelecem premissas pessoais que facilitam o direcionamento de energia. Esses fatores determinam o grau de desafio que o profissional está disposto a buscar e as estratégias que vai utilizar para superá-los.

- **AUTOCONHECIMENTO.** O conhecimento pessoal distingue-se por ser imediato e não depender de evidências. A pessoa tem acesso privilegiado aos próprios pensamentos, de uma maneira que os outros usualmente não têm.
- **OBJETIVOS.** É vital ter clareza em seus objetivos pessoais e eles precisam estar alinhados com os objetivos das atividades exercidas. Se quiser mostrar-se como potencial no trabalho, deve assegurar-se de que seus objetivos e os da empresa estão seguindo em direções similares.
- **FOCO.** Há valor na generalidade e na diversidade de experiências, contudo é quando focamos energias que podemos demonstrar todo nosso potencial. Manter-se perseverante em suas escolhas exige muita tolerância e paciência. Isso é necessário para que a experiência possa ser transformada em conhecimento e maturidade.

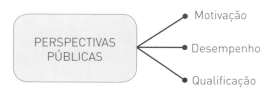

A CARREIRA AINDA EXISTE...

PERSPECTIVAS PÚBLICAS são os fatores observáveis nas escolhas, atitudes e ações da pessoa. São indicadores eventualmente mensuráveis objetiva ou subjetivamente, mas sempre identificados pelas outras pessoas, em especial pelos gestores. Esses fatores são os principais indicadores utilizados por quem atribui os desafios – os gestores.

- **MOTIVAÇÃO.** É um direcionamento do pensamento, da atenção e da ação a um objetivo visto pela pessoa como recompensador. Esse direcionamento ativa o comportamento e engloba conceitos tão diversos como anseio, desejo, vontade, sonho e esperança. A motivação, que pode ser classificada também como interesse, mostra o empenho da pessoa em executar as ações e os desafios inerentes à atividade ou função pretendida. Ela está diretamente relacionada com o ânimo ou a atitude da pessoa, pedra angular do processo de gestão. São as atitudes no ambiente de trabalho que vão determinar o grau de envolvimento e de comprometimento do trabalhador com os projetos da organização. O melhor modelo para esse impulso pessoal é o de atribuir significado a seus objetivos, perguntando a si mesmo: "Para que estou aqui fazendo estas coisas? Por que quero mostrar meu potencial?"

- **DESEMPENHO.** É a ação executada com total eficácia e eficiência em desafios diferentes e sempre superando os resultados esperados. A atuação deve ser observável e possível de ser mensurada, por meio da oferta de

49

resultados que agreguem valor à empresa, ao que se convencionou chamar de *evidências*. O destaque para ser potencial é que isso acontece sem um vínculo direto ou dependente das recompensas que podem surgir a partir de suas ações.

• QUALIFICAÇÃO. Representa o estoque de conhecimentos tácitos do jovem, obtidos pela formação acadêmica ou experiência profissional. A disciplina necessária para uma constante postura de aprendizado é uma das características mais marcantes nos profissionais potenciais. Renovar conhecimentos é uma necessidade cada vez mais requisitada nos dias atuais, em que a tecnologia transforma tudo com uma velocidade cada vez maior. Ser um aprendiz é estar sempre aberto a novas oportunidades e, por consequência, a novos desafios.

TALENTO

A parábola dos talentos, contada por Jesus Cristo aos seus discípulos poucos dias antes de ser crucificado e documentada no Evangelho de Mateus (Mt, 25, 14-30), narra a história de um homem que, por precisar se ausentar do país, distribui seus bens entre seus servidores. Ao primeiro deu cinco talentos, ao segundo dois e ao terceiro apenas um talento.

Algum tempo depois esse homem retornou a seu país e quis saber o que os servos tinham feito dos talentos que receberam. O primeiro havia negociado o dinheiro, dobrando seu valor. O segundo também conseguiu dobrar a quantia do dinheiro recebido. Já o terceiro, temeroso, enterrou sua moeda e ao seu senhor devolveu exatamente a mesma moeda que tinha recebido. Sendo assim, os dois primeiros servos foram agraciados pelo patrão, mas o terceiro foi duramente punido.

Naquela época, "talento" era a moeda corrente. Com o tempo, a palavra deixou de significar dinheiro e passou a ser usada para designar a habilidade extraordinária que algumas pessoas têm para realizar suas atividades. De certa forma, a parábola chama a atenção para o uso que cada um faz dos recursos que tem, sejam eles quais forem.

Um dos fatores que observo em pessoas talentosas é a perseverança. Elas possuem uma insatisfação interna com seu próprio desempenho. Buscam sempre o autodesenvolvimento e se tornam extremamente exigentes consigo mesmas quando acreditam não estar caminhando na direção de suas escolhas. Desejam trabalhar com autonomia, mas jamais dispensam a figura de mentores, que consideram fundamentais para ajudá-las a explorar todo seu talento. Assim, estão sempre abertas a expor suas habilidades, considerando cada falha que cometem uma oportunidade de melhoria, pois têm total consciência de suas limitações, principalmente daquelas que são temporárias e circunstanciais.

O profissional talentoso é aquele que consegue estabelecer uma trajetória bem-sucedida para as perspectivas pessoais, procura se desenvolver e constantemente busca desafios, além de expor suas habilidades e interesses a quem tem o acesso a suas perspectivas públicas e está habilitado a lhe propor desafios.

Fazendo uma analogia com a história da águia relatada no primeiro capítulo, gosto de imaginar que o filhote **operacional** é aquele que ficará no ninho até ser atirado pelo penhasco e seguir os instintos naturais. O filhote **potencial** certamente vai dar pequenos saltos próximos do ninho, sobretudo quando estiver sob a segurança e o olhar atento da mãe. Por fim, o filhote **talento** será aquele que, depois de muito observar, um dia vai saltar e começar a voar, sem precisar ser atirado pelo penhasco e provavelmente sob o olhar surpreso da águia.

A CARREIRA AINDA EXISTE...

As três opções de comportamentos – **operacional**, **potencial** e **talento** – estão presentes na trajetória profissional de cada jovem, pois todos têm elementos pessoais para posicionar-se em qualquer uma delas. O principal fator está em suas escolhas.

O PROFISSIONAL NAS REDES SOCIAIS
O ESTAGIÁRIO E O *TRAINEE*
MANUAL DE SOBREVIVÊNCIA DO NOVATO
CADÊ O MEU MENTOR?

É HORA DE TRABALHAR

*Para mim, metas são o meu mapa para a vida
que eu quero. Elas têm me ajudado a realizar
coisas que uma vez pensei que eram impossíveis.*

CATHERINE PULSIFER

O profissional nas redes sociais

HÁ TRINTA ANOS ERA CONSIDERADO o modelo ideal de trabalho aquele que trazia segurança para o profissional. Um excelente salário não tinha mais peso do que a reputação da empresa, e a formação acadêmica exigida era mínima; afinal, entendia-se que as organizações eram as principais responsáveis pela formação de seus profissionais. Por isso, era muito comum o jovem iniciar no mercado de trabalho ainda na adolescência – entre 14 e 16 anos – com pouca ou nenhuma qualificação.

GERAÇÃO Y

O principal efeito dessa política de pessoal era que o jovem precisaria focar-se apenas em arrumar trabalho em uma grande empresa. A busca por esse bom emprego era tão intensa que passar nos testes de seleção muitas vezes era comemorado como se o jovem tivesse tirado nota máxima no mais disputado exame de vestibular. Conseguir um emprego em uma multinacional era como ganhar na loteria. Isso despertava um sentimento de conquista que resultava em fidelidade com a empresa; afinal, era muito difícil alcançar um bom emprego.

Uma vez dentro da companhia, bastaria mostrar bastante empenho e subordinação às regras, às diretrizes e principalmente aos gestores para ser considerado um bom profissional. Nesse cenário, diversos jovens foram alçados às posições de gestão, mesmo sem ter a qualificação acadêmica que hoje é tão comumente exigida.

Muitos profissionais tiveram de se adaptar às novas exigências do mercado de trabalho, depois de um movimento no mercado corporativo chamado *reengenharia de processos* no início dos anos 1990. Nessa época aconteceram diversas transformações nas empresas, e a competição por melhores posições ou mesmo pela manutenção do emprego levou os profissionais a buscar qualificações com muito mais vontade.

As empresas aumentaram as exigências de qualificação acadêmica dos novos funcionários e passaram a pressionar os veteranos para que buscassem se aprimorar.

É HORA DE TRABALHAR

Essa pressão foi muito mais intensa nos gestores, que, de repente, se viram obrigados a voltar aos estudos para manter-se em suas posições profissionais. Começava assim o tempo da hipercompetitividade no trabalho. A partir de então, seria cada vez mais desafiador alcançar um bom emprego e mantê-lo.

Justamente por serem crescentes as exigências dos empregadores por uma qualificação mais elevada, hoje os jovens acabam ingressando no mercado de trabalho com mais idade – por volta dos 21 anos. Ou seja: na velha cultura corporativa, com essa idade um jovem já teria cinco anos de experiência mas baixa qualificação; hoje, ele tem boa qualificação e quase nenhuma experiência profissional.

Esse fator altera completamente o clima nas empresas, pois a falta de experiência dos jovens atuais não permite que eles sejam submetidos aos desafios mais complexos, mesmo que eles tenham formação acadêmica superior à de seus gestores. E não foi somente esse o cenário que foi alterado. A globalização, que tornou o mundo mais acessível para todos os profissionais, e o avanço da tecnologia de comunicação criaram um novo universo de relacionamentos, em que o jovem tem mais habilidade além de um ritmo maior na capacidade de adaptação quando comparado aos profissionais mais velhos. Se antes os empregos estavam na cidade onde se residia, agora eles podem estar em qualquer lugar do mundo e a um clique do *mouse*.

GERAÇÃO Y

As entrevistas e os testes já não são os únicos instrumentos que respondem pela seleção de profissionais. Agora o seu comportamento virtual e sua rede de relacionamentos profissionais são parte integrante das informações que auxiliam as empresas a contratar seus funcionários, por isso é muito mais importante que o jovem saiba cuidar de sua vida virtual.

O crescimento das redes sociais trouxe a sedução da comunicação fácil e descontraída. Isso tem promovido novos comportamentos, com a exposição ilimitada de interesses pessoais e do estilo de vida permitindo interpretações diversas sobre os possíveis candidatos. Os profissionais de recursos humanos estão atentos a isso e já fazem uso intenso dessas redes.

Ironicamente, a nova realidade não é mais de profissionais procurando emprego, mas de empresas procurando bons profissionais. Diante desse novo contexto, o jovem precisa se readaptar e construir canais de comunicação mais claros e adequados se quiser ser encontrado para um bom emprego. Para isso vale observar algumas dicas práticas para ajudar a preparar um bom material de apresentação. Isso é essencial, contudo é muito importante tomar alguns cuidados para que essa apresentação não aja como um vírus mortal e leve os avaliadores a afastar o candidato das melhores oportunidades.

É HORA DE TRABALHAR

Algumas dicas para uma boa apresentação pessoal, seja por meio de currículo seja durante uma entrevista

• **Seja original.** A espontaneidade é sua maior aliada. Seja autêntico, não use frases prontas e respostas padronizadas. Abandone o currículo que você utiliza, principalmente se ele está baseado em modelos encontrados em sites da internet. Saiba que o destino de 99,9% deles é a gaveta, pois não auxiliam a apresentar sua trajetória de forma a ser considerado relevante para o avaliador. Utilizar currículos em forma de formulários, normalmente comprados em papelarias, é jogar dinheiro e tempo no lixo. Não cometa esse pecado!

• **Seja objetivo.** Resuma ao máximo o que pretende dizer, mas não se sinta pressionado a ficar em silêncio ou a escrever todo o currículo em apenas uma página. Ser objetivo não é apenas discriminar as empresas onde trabalhou e os cargos que ocupou. Melhor que isso é apresentar os resultados que você gerou e as atividades que desenvolveu, se possível de forma discursiva. Se para contar a sua trajetória forem necessários mais tempo e páginas, utilize-os sem preocupação, mas sempre com objetividade.

• **Seja contemporâneo.** Não exagere no estilo das roupas. nem tente mostrar estilo de vanguarda. Tente se adequar ao estilo do local onde pretende ser admitido mas não perca a sua essência. Se você gosta de tatuagens e tem orgulho de mostrá-las o tempo todo, certifique-se de que não está tentando arrumar emprego em um escritório de advocacia ou em um banco. O resultado nesses casos é sempre óbvio. No caso do currículo, lembre-se de que ele é um documento sóbrio. Portanto, nada de desenhos, gravuras, ilustrações, molduras, bordas, fadinhas, sinos, mensagens religiosas etc.

• **Seja encontrado.** Os dados pessoais são importantes e devem auxiliar o avaliador a encontrá-lo e, rapidamente, saber quem é você. Por isso, no currículo, coloque em lugar de destaque seu nome, endereço, *e-mail*, telefones e endereços de *blogs*, *twitter* e perfis em sites de redes sociais. Não se preocupe em divulgar esses perfis, pois eles serão encontrados de qualquer forma. Os números de documentos devem ser acrescentados somente se forem solicitados. Também tem sido usual colocar uma foto de rosto informal, ou seja, qualquer uma que não seja a tradicional foto 3×4. Isso auxilia o entrevistador a relembrar detalhes da conversa, associando a imagem à entrevista.

• **Seja conectado.** Ter intimidade com a tecnologia é uma característica de todo jovem profissional, por isso não há por que apresentar os conhecimentos no pacote "Microsoft Office", "Windows" e "internet" como qualificação especial.

Não há nada de especial nisso, pois atualmente tem o mesmo significado de saber acender a luz ou saber usar o telefone. Só devem ser mencionados os conhecimentos específicos no uso de algum *software* se ele realmente for diferenciado e se você estiver concorrendo a uma vaga que exija essa qualificação. Para ser conectado, é melhor adquirir intimidade com as redes sociais e suas sutilezas. A melhor forma é começar a utilizar sites como o Linkedin (<http://www.linkedin.com>), que tem auxiliado muitas empresas e profissionais a se reposicionar em suas carreiras. Se você não conhece esse site, pare de ler este texto e cadastre-se imediatamente!

• **Seja coerente.** Tenha certeza de que sua vida virtual será acessada. Por isso, muita atenção ao que publica em seus perfis em redes sociais. Não adianta apresentar-se na entrevista como uma pessoa discreta e reservada, enquanto tem publicadas em seu perfil fotos em que você realiza *performances* acrobáticas com bebidas ou atua como personagem principal em baladas e festas.

• **Seja maduro.** Não dá para acreditar na seriedade de alguém que utiliza um endereço de *e-mail* do tipo "badboy12@mail.com" ou "gatamimosa21@mail.com", além de ter um perfil com fotos de baladas e bebedeiras explícitas. Não seja inocente em imaginar que sua vida privada não tem relação com a vida virtual. Tudo o que se publica na internet recebe o *status* de domínio público.

O conselho parece redundante, mas vale lembrar: se quer que algum aspecto de sua vida pessoal seja mantido de forma **privada**, então **não publique**, não a torne virtual. Lembre-se de que você é o único responsável por sua vida virtual, por isso não compartilhe suas senhas com ninguém. O costume de dar a senha ao namorado ou à namorada para "provar que é amor verdadeiro" é uma das atitudes mais imaturas da juventude. É muito comum encontrar candidatos que precisaram se explicar, normalmente sem sucesso, por impropriedades publicadas em seu nome, postadas por amores ciumentos ou como vingança por relacionamentos rompidos. Preserve sua imagem, pois, mesmo que você não publique uma foto sua, provavelmente alguém em sua rede de relacionamentos vai fazê-lo, e você não tem ideia de até que ponto as pessoas estão conectadas. Se quer ser um profissional, tem de agir como tal, tanto na vida pessoal como na virtual.

• **Seja verdadeiro.** Em essência, o avaliador tem o interesse de identificar a pessoa correta para a posição certa, por isso mentir ou exagerar em qualificações, habilidades ou relacionamentos é a pior coisa que se pode fazer nas entrevistas ou no currículo. Lembre-se de que, se algum fato precisar ser comprovado e ele for falso, seu conceito receberá a pior avaliação possível, que é a de falta de caráter. Para isso, não há solução nem emprego.

O estagiário e o *trainee*

Em CERTA OCASIÃO, falando para um grupo de estagiários e *trainees* de uma grande empresa, decidi propor um desafio: eles deveriam se colocar na figura de um recrutador de executivos e avaliar a trajetória profissional de um candidato como descrito a seguir:

A empresa necessita de um diretor para novos negócios, com foco em resultados e experiência comprovada e diversificada, inclusive internacional, e com habilidades de liderança e capacidade de inovação. O candidato tem 42 anos, é casado, tem dois filhos e a seguinte trajetória profissional:

- *Iniciou a carreira em um dos maiores bancos de seu país, onde começou como* office-boy *aos 14 anos e passou por diversas funções até chegar a diretor aos 28 anos. Nesse banco permaneceu por vinte anos.*
- *Foi responsável pela criação e implementação de produtos que geraram receitas líquidas anuais de US$ 50 milhões/ ano nos últimos cinco anos em que trabalhou nesse banco.*
- *Aos 34 anos, atuando como diretor em um novo banco, desenvolveu o primeiro sistema de pagamentos pela internet em seu país, viabilizando receitas de US$ 4 milhões em seis meses.*
- *Transferindo-se para outro banco, promoveu mudanças organizacionais que geraram redução de custos de US$ 25 milhões em nove meses.*

GERAÇÃO Y

- *Aos 36 anos, como empreendedor, fundou um dos primeiros* sites *de busca na internet de seu país, cuja audiência chegou a ser uma das cinco maiores. Isso permitiu a venda do* site *para uma empresa multinacional com valorização sobre o capital investido da ordem de 1350% em um ano.*

- *Atuando como executivo da empresa que adquiriu o* site, *implementou o primeiro serviço de "atendimento a clientes" globalizado, liderando uma equipe de 55 pessoas em treze países e três idiomas diferentes.*

- *Com 39 anos, tornou-se diretor de novos negócios e marketing de um importante grupo econômico, com atuação em hotelaria e comércio varejista, desenvolvendo ações e produtos que proporcionaram a inserção da empresa no mercado do comércio eletrônico e ampliando o faturamento do grupo em 15% no primeiro ano.*

- *Com 41 anos, voltou a atuar no mercado financeiro, em que desenvolveu e implementou uma nova empresa internacional de tecnologia, abrindo negócios e escritórios em três países.*

As primeiras reações foram de dúvida sobre a honestidade das informações. Vários deles fizeram comentários, sempre em tom desconfiado, dizendo que não era a trajetória real de um executivo. Alguns chegaram a especular se não seria um caso fantasioso demais para ser levado a sério.

Isso não me causou estranheza, pois, como eram novatos no mercado profissional, tiveram pouco acesso às trajetórias de altos executivos. Na verdade, o que me deixou surpreso foi o fato de todos, sem exceção, conhecerem tão pouco da vida executiva, apesar de antes terem manifestado o objetivo de chegar à diretoria da empresa nos próximos anos.

Após esclarecer que era um caso real, os comentários foram inicialmente de admiração pela trajetória e a tendência em recomendar a contratação do executivo. Porém, logo surgiram as primeiras críticas sobre o candidato.

Inusitadamente, os jovens *trainees* e estagiários condenaram a inconstância do profissional por haver trabalhado em várias empresas. A avaliação foi tão severa que chegaram a sugerir que o profissional não era confiável e trocava de emprego pela melhor oferta financeira, como um verdadeiro mercenário. Precisei lembrá-los de que o profissional em questão permaneceu vinte anos em apenas uma empresa. Contudo, como o debate ficou mais intenso, questionei sobre as características dos profissionais de hoje, principalmente dos jovens como eles, que dificilmente ficam no mesmo emprego por mais de dois anos.

Houve uma pausa no debate, até que alguém argumentou que isso era natural no início de carreira, sobretudo porque eles precisavam conhecer e experimentar diversas realidades corporativas antes de se fixar em uma empresa. Chegaram inclusive a dizer que era uma das principais recomendações de seus orientadores de carreira.

GERAÇÃO Y

Não é preciso analisar com profundidade para concluir que há um grande desvio de expectativas no comportamento ambíguo dos jovens. As críticas à carreira do executivo eram, afinal, inconsistentes e certamente não representavam o real pensamento dos jovens.

O desvio é ainda mais acentuado quando se observa que as empresas têm expectativas muito diferentes para o investimento que estão fazendo na seleção e no desenvolvimento desses jovens. Não seria coerente encontrar um profissional altamente qualificado e submetê-lo a um intenso programa de desenvolvimento apenas para que ele conheça e experimente o clima da empresa.

Isso precisa ser corrigido. Chegou o momento de resgatar os conceitos de estagiário e *trainee* que, essencialmente, significam ser um **novato** formalmente contratado para cumprir uma etapa em seu desenvolvimento profissional e, como retorno desse investimento, suprir as necessidades de sucessão dos funcionários da empresa, principalmente os líderes.

Não há fórmula diferente para a *Geração Y*. Toda vez que um profissional inicia uma nova atividade ou ingressa em um novo emprego, ele é considerado um novato. Quando ele desenvolver suas habilidades, mostrar seus resultados e construir uma rede de relacionamentos e de mentores na empresa, certamente deixará essa classificação. Todo *trainee* ou estagiário deve ter em mente que, enquanto não conquistar a confiança dos veteranos, não será desafiado da forma que acredita merecer. Lembre-se: os desafios geralmente estão com os profissionais mais velhos.

A pseudossolução de trocar de empresa, buscando os desafios desejados, normalmente se mostra ineficiente, pois remete o jovem profissional de volta à categoria de novato, repetindo esse processo a cada emprego. A única vantagem em ser um novato é a maior tolerância com as inevitáveis falhas, mas a tolerância é inútil se não houver aprendizado com os erros. Até para trocar de emprego todo o tempo é importante entender o significado da condição de novato.

Para um novo posicionamento, a melhor estratégia que o *trainee* ou estagiário deve seguir é conquistar um mentor, um profissional mais experiente que tem por objetivo passar adiante suas experiências e vivências em determinada área de atuação. O verdadeiro mentor age como uma referência, um instrutor disposto a ensinar tudo o que sabe, dando orientações e apontando direções. Ele não é, necessariamente, o gestor imediato. O mentor orienta, guia, mostra o caminho e as opções possíveis, deixando o mentorado fazer a escolha que julgar ser a melhor.

A melhor opção, portanto, é assumir a condição de novato, avaliar a carreira de forma estratégica, explorar melhor o privilégio de ser um aprendiz e se empenhar com muita vontade de conquistar um mentor que possa orientar nos sutis caminhos do crescimento profissional.

GERAÇÃO Y

Manual de sobrevivência do novato

HÁ UM MODELO de desenvolvimento para os jovens da *Geração Y* que é bastante significativo quando se busca o alinhamento com o mercado de trabalho, sendo um novato.

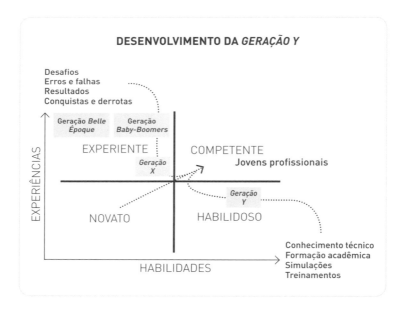

O novato que aceita sua condição de aprendiz logo descobre que precisa utilizar três premissas, que deveriam compor um *Manual de sobrevivência do novato*:

1 • **SER APRENDIZ DA TEORIA E DA PRÁTICA.** Atualmente o conhecimento se torna obsoleto com tanta velocidade que as pessoas se pressionam a aprender coisas novas o

é HORA DE TRABALHAR

tempo todo. Isso faz parte da dinâmica de nossa vida. Entretanto, isso é válido apenas para conhecimentos teóricos, como a tecnologia. Existe outro tipo de conhecimento que é mais abstrato, mais sutil, mais difícil de ser documentado – o **conhecimento tácito**, adquirido apenas pela experiência pessoal. É um conhecimento que leva muito mais tempo para ser alterado, pois é reflexo das percepções coletivas influenciadas pelo que cada um interpreta individualmente, usando suas premissas, seus conhecimentos e suas experiências.

Ele não invalida o conhecimento teórico, que é sempre necessário como referencial, mas ambos – o conhecimento teórico e o tácito – vão compor a competência do aprendiz. O que distingue cada um desses conhecimentos é a velocidade necessária para assimilá-los.

O conhecimento teórico sempre é mais rápido de ser absorvido, pois pode ser adquirido de múltiplas formas, como em livros, vídeos e treinamentos. O único requisito para adquirir esse tipo de conhecimento é disciplina.

Já o conhecimento tácito é mais complexo e lento para ser absorvido, pois sempre dependerá da exposição do indivíduo ao desafio que proporcionará o aprendizado. E cada desafio tem uma velocidade de aprendizado.

2 • SER RÁPIDO, MAS NÃO TER PRESSA. Todo novato precisa aprender a controlar sua ansiedade. As aparentes vantagens de criar atalhos nas trajetórias profissionais em

geral são destruídas pela falta de estratégia e planejamento, criando carreiras medíocres resultantes de escolhas improvisadas e circunstanciais.

Há muitos casos de profissionais que interromperam suas trajetórias, motivados pela insatisfação ou pela impaciência. Na maioria dos casos, a ansiedade tira a pessoa da condição de novato, fechando as portas para o aprendizado mais sutil.

3 • SER QUESTIONADOR, NÃO UM GÊNIO. A maior exposição dos jovens ao conhecimento acadêmico e a inegável facilidade para utilizar da tecnologia da informação têm gerado profissionais arrogantes e com pouca disposição para o aprendizado.

Isso é comum porque existe a falsa percepção de que quanto mais habilidade uma pessoa tem em encontrar a informação necessária, mais inteligente e capaz ela é. Esse pensamento provoca grandes distorções na avaliação das capacidades, principalmente dos jovens, que muitas vezes são classificados de gênios por dominarem aparelhos e procedimentos tecnológicos.

É evidente que sempre que alguém questiona algo está implícita a ignorância da resposta. É nesse ponto que está o desafio para o novato, pois para admitir que não sabe alguma coisa é preciso ter humildade.

O novato deve sempre lembrar que não é a habilidade em encontrar a informação que vai torná-lo mais

É HORA DE TRABALHAR

competente, mas a capacidade de saber o que fazer com essa informação. E isso só é possível quando se adota a humilde condição de questionador.

Cadê o meu mentor?

Um dos exercícios que mais utilizo em minhas palestras e *workshops*, buscando despertar reflexões mais profundas, é pedir aos participantes que fechem seus olhos e pensem em alguma pessoa que, de alguma forma, tenha interferido de modo significativo em seus destinos. Procuro guiá-los no resgate de lembranças de seus mentores, aquelas pessoas que dedicaram tempo e energia para ajudá-los a se desenvolver. Gosto desse exercício por ter tudo a ver com o pensamento de Charles Handy em seu livro *The hungry spirit*: "A sociedade deveria tentar oferecer a cada jovem um mentor de fora do sistema educacional, alguém que tivesse grande interesse no desenvolvimento e progresso daquela pessoa".

Quando os participantes começam a abrir seus olhos, é muito comum observar um olhar agradecido por fazê-los lembrar de alguém que realmente fez diferença em suas vidas. Os depoimentos espontâneos que surgem em seguida referem-se aos pais, professores ou antigos chefes – todos com reconhecida experiência e com motivação para passar adiante seus conhecimentos, agindo como uma referência, um modelo, um instrutor disposto a ensinar tudo o que sabia dando orientações e apontando direções.

Contudo, um fato novo tem despertado minha atenção, principalmente quando realizo esse exercício em plateias formadas por jovens da *Geração Y*. Muitas vezes os jovens não conseguem identificar ninguém. Quando abrem seus olhos, percebo a reação de dúvida e estranheza diante do exercício. Alguns chegam a demonstrar não entender o que se esperava com ele.

Depois que dou as explicações, ou seja, peço que identifiquem seus mentores, novamente as reações são de perplexidade diante do insucesso em encontrar alguém a quem pudessem atribuir a classificação de mentor. O mais comum é pensarem em personalidades que admiram como grandes empresários ou líderes políticos. Nomes como Steve Jobs, Lula, Eike Batista e Bill Gates são presenças comuns. Na maioria das vezes que isso acontece, eu aproveito para explicar a diferença entre uma personalidade e um mentor, ressaltando como um bom mentor pode ajudar a trajetória de vida de um jovem. Em uma dessas ocasiões fui interrompido por um jovem que gritou:

— CADÊ O MEU MENTOR?

Foi um ótima pergunta, pois muitos estavam com a mesma dúvida na cabeça e a questão serviu para eu fazer um alerta à *Geração Y*: não é possível encontrar mentores no Google nem os dispensar, pois um aprendiz que quer se desenvolver precisa dessa ajuda. Todo conhecimento tácito, que também é conhecido como experiência, está nas mãos dos mais veteranos. Para ter acesso a esse conhecimento é indispensável conquistar um mentor. Para isso só há um caminho – **ser aprendiz**.

Entretanto, nos dias atuais, quando os jovens querem ser vistos e reconhecidos como vencedores, não é muito comum identificar a postura de aprendiz, isto é, aberto para o aprendizado. E, nesse caso, não me refiro ao conhecimento acadêmico, mas ao velho e bom "pulo do gato".

Pode-se compreender essa postura da *Geração Y*, diante da evidente superioridade dos jovens no ritmo frenético das mudanças, principalmente as tecnológicas. Mas já está claro também que falta algo para alcançarem seus sonhos, principalmente os de novos desafios. Os desafios estão com os veteranos, que ainda se esforçam para manter o ritmo das coisas, para "não deixar a peteca cair".

> Se você, jovem, está se perguntando: "Cadê o meu mentor?", lembre-se de que, mais próximo do que imagina, há um veterano perguntando: "Cadê o meu aprendiz?"
>
> Vá conquistá-lo!

FOCO: RESULTADOS E INOVAÇÃO
ESTILO: COLABORAÇÃO E INDIVIDUALIDADE
EXPECTATIVAS: RECONHECIMENTO E INFORMALIDADE

AS NOVAS COMPETÊNCIAS

Nenhuma grande vitória é possível
sem que tenha sido precedida de
pequenas vitórias sobre nós mesmos.

L. M. LEONOV

FOCO: Resultados e inovação

UMA DAS COMPETÊNCIAS mais exigidas dos profissionais atualmente é o **foco em resultados**, ou seja, a capacidade de agir espontaneamente, antecipando problemas e dificuldades, estabelecendo prioridades e entregando o que se deseja dele, sem esperar por uma ação direta de um gestor.

Parece realmente difícil uma pessoa ter todas essas qualificações – alguns gestores diriam que se trata do funcionário ideal. Na verdade, as empresas estão sempre procurando pessoas assim. Elas têm aumentado a exigência na

GERAÇÃO Y

qualificação de seus candidatos, buscando principalmente profissionais que saibam fazer acontecer.

Qual deve ser, então, o caminho para um profissional novato que ainda não tem experiência suficiente para mostrar resultados? É possível ser esse profissional? A resposta é "sim" e o segredo está na forma como o jovem faz suas escolhas e foca suas energias.

Há um conceito na economia conhecido como **Princípio de Pareto** por ter sido identificado no início do século XX pelo economista italiano Vilfredo Pareto. O princípio traz reflexões que são bastante oportunas quando se busca focar resultados. Ele ressalta o desequilíbrio entre causa e efeito e entre esforço e resultado, afirmando, de forma genérica, que 80% dos resultados que obtemos estão relacionados a 20% dos nossos esforços. Ou seja: apenas algumas ações levam a maior parte dos resultados; em contrapartida, a maioria das ações leva a menor parte dos resultados. Existem diversos exemplos que podem ilustrar esse princípio:

80% do total das vendas está
relacionado a 20% dos produtos.
80% dos lucros de uma empresa estão
relacionados a 20% dos produtos.
80% dos lucros estão relacionados a
20% dos clientes.
80% dos acidentes de trânsito são
causados por 20% dos motoristas.

AS NOVAS COMPETÊNCIAS

80% dos usuários de computador usam
apenas 20% dos recursos disponíveis.
80% do tempo usamos 20% de nossas roupas.
80% das pessoas preferem 20% dos
sabores ou cores disponíveis.
80% dos resultados são obtidos
por 20% dos funcionários.

É evidente que a "regra" dos 80/20 não é um índice absoluto e rigorosamente científico, trata-se apenas de uma referência quantitativa. Porém, serve para estabelecer uma estratégia de atuação, principalmente quanto a estabelecer prioridades. Afinal, basta identificar os 20% de esforços e ações que são responsáveis pela geração de 80% dos resultados e concentrar-se neles, procurando garantir que ocorram como previsto, o que implica constante melhoria e aperfeiçoamento do processo.

Entretanto, também há uma expectativa dos gestores de que seus funcionários sejam inovadores, o que gera um aparente paradoxo, afinal toda inovação contesta o que já está estabelecido e isso ocasiona riscos que podem comprometer os resultados.

Por diversas vezes observei jovens profissionais, cheios de entusiasmo e criatividade, desviarem-se de sua essência para se acomodar às regras. Muitos gestores têm grande parcela de culpa nisso, pois ainda agem pelo princípio da estabilidade. Muitas vezes até justificam suas decisões utilizando o ditado que diz: "Em time que está ganhando, não se mexe".

GERAÇÃO Y

Qual é a saída então? Inovar ou garantir os resultados?

A inovação é absolutamente essencial para a continuidade de qualquer negócio. Muitos resultados só foram alcançados depois de mudanças radicais, principalmente no campo da tecnologia, em que toda manifestação de ideias é mais visível.

Focar a atenção no pensamento criativo contribui significativamente para a produtividade e consequentemente para os resultados, principalmente em situações mais extremas como crises, quando os recursos são limitados e as ideias têm mais chances de ser experimentadas. Para ter competência em inovação, é preciso adotar algumas práticas que são exigidas para o pensamento inovador e criativo, tais como:

- Disciplina.
- Persistência.
- Curiosidade constante.
- Atitude inquieta.
- Atenção ao todo.
- Mente aberta e receptiva às possibilidades.

> Ser inovador é, em muitos casos, trabalhar sozinho com suas inquietudes e observações. Contudo, para colocar uma ideia em prática, é necessário planejar uma boa estratégia de compartilhamento, caso contrário ela não avança. Lembre-se: uma boa ideia é aquela que acontece na prática.

AS NOVAS COMPETÊNCIAS

ESTILO: Colaboração e individualidade

HÁ ALGUM TEMPO, começamos a perceber uma transformação na forma como as pessoas compartilham e realizam suas atividades. O trabalho colaborativo ocupa cada vez mais espaço nas empresas, desafiando os profissionais a ser integrados, mantendo abertos todos os canais de conexão.

O trabalho colaborativo, definido como a distribuição de tarefas entre o grupo de profissionais, tem como principal objetivo otimizar a solução de problemas, criar inovações, transferir experiências ou minimizar os custos. Isso implica relações cada vez mais dependentes da boa comunicação e também de novas abordagens para negociação. A colaboração necessita de diálogo aberto, dinâmico e atualizado, de modo que os participantes estejam completamente sintonizados com os acontecimentos.

Essa condição é muito facilitada pelos recursos de trabalho em redes sociais, já sendo possível identificar empresas que criam plataformas virtuais de colaboração, permitindo organizar a contribuição de cada profissional quando apresentam diferentes entendimentos e pontos de vista, proporcionando resultados que talvez não fossem alcançados se realizados individualmente.

O jovem profissional deve se apropriar rapidamente de alguns estilos de trabalho e desenvolver suas tarefas:

GERAÇÃO Y

- **Compartilhando** com outras pessoas do grupo a responsabilidade de estudar, pesquisar e desenvolver o tema que precisa de uma solução.
- **Preservando e garantindo** a liberdade de expressão, permitindo o fluxo de ideias sem que ocorram atitudes defensivas ou críticas prematuras.
- **Considerando** toda **negação** como um desafio a ser superado pelo grupo e toda **resistência** como uma excelente possibilidade de negociação.
- **Estabelecendo** como estratégia a construção e a preservação de suas alianças e relacionamentos com o objetivo de alcançar benefícios mútuos.

As possibilidades geradas pela atitude colaborativa têm levado, muitas vezes, a se entender a colaboração como uma consequência natural da interconexão e que, quanto mais um profissional se agrega às redes sociais, mais ele se distancia de sua individualidade. Isso é um equívoco!

Apesar do aparente paradoxo, exercer a individualidade é fundamental, pois é pela exposição de significados e metas pessoais que serão promovidos os relacionamentos e as negociações necessárias no processo colaborativo. Para preservar a individualidade, não é preciso manter-se fechado às possibilidades e tendências de outras pessoas; pelo contrário, é importante aceitar a interferência em suas decisões com base no questionamento aberto e franco, em que se poderá acessar um conhecimento maior a partir da *expertise* coletiva.

> Exercendo sua individualidade, certamente você fará esco-
> lhas que promovam suas habilidades e seu conhecimento,
> preservando a autoestima ao deixar a sua marca em todas
> as atividades com que você contribui ou as quais influencia.

EXPECTATIVAS: Reconhecimento e informalidade

SE PUDÉSSEMOS RESUMIR todas as expectativas dos profissionais em uma palavra, ela seria *reconhecimento*. Desde cedo os jovens recebem *feedback* de tudo o que fazem, sendo incentivados a superar suas próprias realizações e a se diferenciar dos demais. Pais estimulam e elogiam seus filhos quando são bem-sucedidos na escola e, de certo modo, toleram pequenas falhas sem que isso signifique concordar com resultados ruins. Na verdade, sempre que possível, pressionam os jovens a recuperar qualquer prejuízo e, no caso de sucesso, certamente os recompensam. Como resultado desses estímulos vemos jovens ansiosos e impacientes, que desejam ser sempre avaliados por suas ações.

Isso certamente afeta o desempenho da *Geração Y* no ambiente de trabalho, em que os jovens encontram gestores que se desenvolveram sem receber *feedback* e, portanto, nem sempre estão dispostos a dá-lo. Por isso o jovem precisa desenvolver outras formas de autoavaliação, sem depender totalmente do *feedback*, pois ele não será constante. E, em algum momento, se descobrirá que o *feedback* não é essencial para o exercício das atividades.

Mais adequado aos novos tempos é agir com informalidade – característica que sempre acompanhou os jovens. Nas gerações anteriores esse comportamento era adotado como manifestação de contestação e até rebeldia à ordem estabelecida, muitas vezes associado à ideia de liberdade individual.

Em algumas instituições de ensino, um jovem dos anos 1970 e 1980 usava um uniforme ou avental que eram obrigatórios. No ambiente de trabalho a roupa deveria ser sóbria e social, em alguns casos a gravata era um acessório imposto pela empresa. Qualquer manifestação diferente dessa regra era severamente criticada. Normalmente se associava a forma de se vestir às capacidades e habilidades de um jovem, ou seja, quanto mais próximo do padrão o jovem se comportasse, mais competente e responsável ele seria. Esse conceito é um legado de uma geração – hoje na idade adulta como veteranos no mercado de trabalho – que provoca distorções na avaliação de competências e habilidades dos jovens da *Geração Y*, que, por sua vez, substituiu a valorização da liberdade pela flexibilidade e conveniência em seu comportamento.

Já é bastante conhecido o fato de um dos principais motivos para escolher uma empresa para trabalhar ser o ambiente de trabalho agradável: aquele que não intimida, que promove o bem-estar e o respeito, que permite o trabalho com paixão criativa, pois há um bom relacionamento com os

AS NOVAS COMPETÊNCIAS

colegas, e em que é possível promover a integração das vidas pessoal e profissional.

Exercício de autoavaliação

A seguir, você encontra um resumo conceitual de algumas competências. Faça uma avaliação pessoal de seu atual estágio de desenvolvimento diante de seu alinhamento com cada uma das afirmações.

É importante salientar que todo processo de autoavaliação está vinculado à sua honestidade pessoal; portanto, qualquer interpretação desse resultado deve ter o mesmo critério. Alerto que, quanto mais verdadeiro você for em suas respostas, maiores as chances de detectar seus limites e pontos de melhoria e, consequentemente, maior possibilidade de obter desenvolvimento.

AS NOVAS COMPETÊNCIAS

Focado em resultados

1. Identifica assuntos e lida com eles de forma proativa e persistente, desenvolve e executa planos para atingir objetivos organizacionais, definindo prioridades claras, adquirindo, organizando e alavancando recursos disponíveis para alcançar resultados sustentáveis com qualidade.

GERAÇÃO Y

Pouco desenvolvido					Muito desenvolvido
1	2	3	4	5	6

2. Persegue seus objetivos com energia e persistência, definindo altos níveis de *performance* individuais. Trabalha em direção a metas programadas, superando obstáculos e incertezas. Planeja por contingências para garantir atingir os resultados.

Pouco desenvolvido					Muito desenvolvido
1	2	3	4	5	6

Inovação

3. Gerencia, lidera e possibilita o processo de mudança, integração e crescimento enquanto apoia os outros para lidar com seus efeitos. Busca melhorias por meio das pessoas, transformando e alinhando os processos em uma desafiadora direção. Considera a inovação e a mudança uma oportunidade de promover o desenvolvimento e a motivação da equipe.

Pouco desenvolvido					Muito desenvolvido
1	2	3	4	5	6

AS NOVAS COMPETÊNCIAS

4. Questiona abertamente o *status quo* de forma contributiva. Aponta oportunidades específicas de mudança. Expõe aos demais a necessidade de mudança. Apoia iniciativas de mudança e inovação.

Pouco desenvolvido					Muito desenvolvido
1	2	3	4	5	6

Colaboração

5. Garante os recursos e o ambiente que estimulem a participação de todos em sua equipe. Promove a distribuição de atividades de forma desafiadora, buscando o desenvolvimento individual da equipe, sem comprometer os objetivos e os resultados.

Pouco desenvolvido					Muito desenvolvido
1	2	3	4	5	6

6. Trabalha em colaboração com os outros para alcançar metas comuns e resultados positivos. Constrói e alavanca alianças estratégicas e *networks*, procurando alcançar benefícios mútuos, promovendo seus objetivos em alinhamento com os valores e as estratégias pessoais.

GERAÇÃO Y

Pouco desenvolvido					Muito desenvolvido
1	2	3	4	5	6

Individualidade

7. Pensa além do momento presente, analisando cenários internos e externos e percebendo tendências que podem ter impacto nas atividades. Aceita a interferência em suas decisões e objetivos pessoais. Questiona, testa suposições e discute as questões abertamente. Rapidamente aceita e aplica *expertise* e *inputs* dos demais.

Pouco desenvolvido					Muito desenvolvido
1	2	3	4	5	6

8. Identifica padrões individuais em todas as coisas. Busca deixar a própria marca em suas realizações. Faz escolhas que promovam suas habilidades e conhecimentos. Investe na preservação da autoestima, a fim de manter um instrumento poderoso para as suas escolhas e metas.

AS NOVAS COMPETÊNCIAS

Pouco desenvolvido					Muito desenvolvido
1	2	3	4	5	6

Informalidade

9. Percebe a integração dos processos, além das fronteiras da estrutura de organização. Entende que a dinâmica dos processos exige a constante revisão de premissas e regras. Age como intérprete das regras e não como zelador de normas. Promove a flexibilização de conceitos e diretrizes sempre que o cenário estabelece novas circunstâncias.

Pouco desenvolvido					Muito desenvolvido
1	2	3	4	5	6

10. Considera cada cenário como único, portanto passível de novas decisões. Prioriza os resultados sobre a estrutura, os processos e os modelos de trabalho. Busca a flexibilidade de modelos estabelecidos como alternativa para alcançar resultados positivos.

Pouco desenvolvido					Muito desenvolvido
1	2	3	4	5	6

Reconhecimento

11. Sabe diferenciar níveis de *performance*. Transforma resultados em oportunidades genuínas de *feedback*. Esclarece aos demais o que fizeram correta ou incorretamente. Encoraja aqueles que buscam desenvolver-se. Garante os recursos para o desenvolvimento e a aprendizagem das pessoas. Propõe constantemente novos desafios aos que apresentam desempenho superior aos demais.

Pouco desenvolvido					Muito desenvolvido
1	2	3	4	5	6

12. Estabelece padrões de comparação entre seus resultados e os dos demais e considera um desempenho positivo estar acima da média. Tem o *feedback* como o principal instrumento pessoal de alinhamento de *performance* e de resultados. Busca novos desafios como forma de desenvolvimento pessoal.

AS NOVAS COMPETÊNCIAS

Pouco desenvolvido					Muito desenvolvido
1	2	3	4	5	6

Some os pontos que marcou em cada afirmação e verifique os resultados.

TABELA DE RESULTADOS

Acima de 68 pontos	Você é um profissional muito bem integrado às exigências do mundo corporativo. Tem talento para se movimentar em ambientes dinâmicos e de constantes mudanças, agindo sempre de forma proativa. Desenvolve seu trabalho de modo colaborativo, mas busca sempre deixar uma marca pessoal.
Entre 61 e 67 pontos	Você é um profissional integrado às exigências do mundo corporativo. Tem muito talento e bom potencial de desenvolvimento. Aprecia os desafios provocados pelas mudanças e se motiva pela perspectiva de crescimento com as novas realidades. Desenvolve seu trabalho de forma intensa, buscando reconhecimento pelos resultados que apresenta.

Entre 51 e 66 pontos	Você é um profissional que está adequado às exigências do mundo corporativo. Quando motivado, demonstra seu potencial, provocando reações de surpresa e aprovação em seus superiores e algumas vezes até em você. Desenvolve seu trabalho de forma individual e espera reconhecimento, mas para isso acontecer deve sempre buscar o autodesenvolvimento, expondo-se constantemente a desafios e extraindo o máximo de aprendizado de seus resultados, sejam eles bons ou ruins.
Entre 31 e 50 pontos	Você é um profissional que ainda tem alguns desafios para se integrar às exigências do mundo corporativo. Tem suas habilidades e qualificações, mas ainda precisa alinhar seus objetivos pessoais às expectativas da empresa. Muitas vezes, deixa-se envolver pela ansiedade e torna-se inquieto no ambiente de constantes mudanças, tendo atitudes reativas e individualistas.

AS NOVAS COMPETÊNCIAS

Abaixo de 30 pontos	Você é um profissional não integrado às exigências atuais do mundo corporativo. Utiliza eventualmente modelos ultrapassados na relação com a empresa e o trabalho. Desenvolve seu trabalho de forma individual, o que costuma comprometer os resultados que apresenta, principalmente nas atividades que exigem interação com outros profissionais. Seu desenvolvimento dependerá de sua disposição e adaptação ao novo contexto de trabalho.

MEU AMIGO, MEU SUBORDINADO TEM VETERANO NA MINHA EQUIPE NÃO QUERO TRABALHAR NO INFERNO!

VIREI CHEFE, E AGORA?

*Assim que todo o mundo concorda com uma ideia,
um líder deve começar a trabalhar na próxima.*

ROGER ENRICO

Meu amigo, meu subordinado

APÓS AS PRIMEIRAS EXPERIÊNCIAS no mercado de trabalho, o jovem que se apresenta com ótimo potencial é desafiado a assumir a coordenação de uma equipe. Muitas vezes recebe um cargo que na verdade é apenas a formalização da autoridade concedida e, principalmente, a sinalização de que as expectativas da empresa serão maiores a partir de então.

Normalmente o crescimento das responsabilidades está associado a um aumento na remuneração e nos privilégios diante dos demais funcionários. Em alguns casos

GERAÇÃO Y

pode significar maior flexibilidade com o horário, melhores recursos para o desempenho do trabalho ou pequenos benefícios como vagas no estacionamento, celular e *notebook* corporativos e cursos especiais de capacitação, principalmente em liderança.

Aproximadamente 20% dos líderes nas empresas já pertencem à *Geração Y* (dados do Hay Group) e são formados por jovens com elevada qualificação acadêmica, uma vez que se tornou padrão exigir graduação, pós-graduação, especializações e conhecimento de línguas, sobretudo o inglês. Tudo isso só aumenta, ainda mais, a pressão sobre os jovens profissionais. Diferenciar-se em um mercado tão competitivo está cada vez mais complexo.

Independentemente do cenário, uma das mudanças mais importantes ao conquistar um cargo de liderança não é o salário ou os privilégios, mas o fato de passar a ter acesso às informações estratégicas da empresa. Isso muda tudo, principalmente na relação do jovem recém-promovido com seus amigos no trabalho.

E, para tornar o processo ainda mais desafiador, muitos gestores veteranos, que deveriam servir de referência ou modelo de líder, tiveram influências bastante diferentes das atualmente recebidas pelos funcionários, por isso já não são vistos como exemplo eficiente de liderança.

A tecnologia que surgiu nos últimos vinte anos influenciou completamente o sistema cognitivo dos profissionais, em particular os da *Geração Y*, e o maior impacto que se observa é na comunicação. As novas tecnologias – em especial a conectividade – estão transformando o conceito de comunicação e isso afeta por completo a forma de exercer a liderança.

Agora todos podem se conectar sem necessariamente se comunicar. Todo processo de troca de informações está sendo adaptado às conveniências pessoais, uma vez que o acelerado ritmo de vida transformou radicalmente a forma de as pessoas estabelecerem suas prioridades. Vivemos um tempo em que as conexões assumiram conceitos sociais profundos e se busca o desenvolvimento de ferramentas que permitam suprir a intensa expectativa por comunicação e relacionamento.

Os jovens que nasceram nesse período tiveram o privilégio de desenvolver uma grande intimidade com a tecnologia de conectividade; portanto, apresentam-se muito mais preparados para extrair todo potencial desse novo comportamento. Isso é, na maioria das vezes, associado a melhor desempenho e produtividade.

No passado, era comum submeter os profissionais a programas para **gestão do tempo** ou **gestão da informação**; contudo, os conceitos que baseavam esses programas se tornaram obsoletos na nova realidade. Os novos comportamentos e as expectativas dos profissionais, principalmente dos jovens, estão pressionando as empresas a adotar mudanças significativas nas relações com seus empregados.

O modelo atual surgiu há mais de cinquenta anos e não reflete mais a atualidade. Trabalhar em casa já não é um

GERAÇÃO Y

absurdo, sobretudo depois do surgimento dos *notebooks*, celulares e *e-mails*. Conceitos como "dia útil" e "horário comercial" estão completamente alterados com toda tecnologia digital, por isso o jovem líder deverá desenvolver-se na **gestão de prioridades**.

Além disso, o líder da *Geração Y* ainda precisa aprender a lidar com os relacionamentos interpessoais usando "ferramentas analógicas" como as conversas "olho no olho" para complementar a forma de comunicação que ele domina com facilidade – a comunicação virtual. Na prática, é fundamental ao jovem líder uma intensa formação em gestão de pessoas, em que o conhecimento tácito, adquirido com a experiência funcional, permita-lhe desenvolver maior tato na gestão de relacionamentos, em especial com aqueles que eram seus antigos amigos, pois inevitavelmente os vínculos de amizade serão e deverão ser transformados.

Essa transição é possível, mas exigirá do novo líder bastante disciplina e desprendimento, pois sempre haverá o risco de conflitos de interesses. Um excelente caminho é contar com o auxílio de gestores mais experientes, mas para isso é importante manter um diálogo mais fluido para que os veteranos possam ser reconhecidos como líderes-mentores, permitindo a eles condições de auxiliar os jovens líderes a encontrar seu caminho e assumir suas escolhas, tanto as boas como as ruins.

Conquistar um líder-mentor é buscar a oportunidade de cometer os próprios erros e ter a experiência de alguém para ajudar a crescer com eles. Estamos no tempo das escolhas e das consequências, quando devemos ser sempre estratégicos, inovadores e flexíveis.

Tem veterano na minha equipe

Chegou o momento – a liderança da empresa onde você trabalha o escolheu para liderar uma equipe formada por profissionais com trajetórias bem distintas. A expectativa é que você tenha uma atuação exemplar e possa exercer a mais nobre das funções de um líder, que é a de inspirar outras pessoas.

Você está empolgado com o novo desafio, em sua mente brotam ideias para tornar o trabalho mais produtivo e agradável. Mas você também se sente um pouco apreensivo, principalmente quando pensa nas condições que terá para exercer sua nova função.

Muitas questões palpitam em sua cabeça: "Será que a equipe receberá bem minhas diretrizes e comandos? Haverá apoio para minhas ideias? Conseguirei inspirar as pessoas?".

Claro que toda nova função traz desafios que despertam temores, mas talvez o fato mais impactante nessa nova realidade seja quando você tiver de lidar com profissionais com uma diferença de idade significativa – ou seja, quando você também liderar os veteranos.

Não há fórmulas prontas que possam ser aplicadas, o que existem são posturas e comportamentos que ajudam a identificar você como um legítimo portador da liderança e, portanto, da autoridade. Valem então algumas dicas que podem ajudá-lo a lidar com esse tipo de desafio:

• **Seja um exemplo.** Um líder afeta a vida das pessoas de várias maneiras e em diversas dimensões, inclusive fora do local de trabalho. Sendo líder, você sempre estará exposto, por isso todos vão observar suas atitudes, independentemente da situação em questão. Você é líder dentro e fora da empresa. Seus subordinados sempre vão considerá-lo assim, portanto é fundamental que você observe cada um de seus atos. Você precisa ter consciência da integridade de suas ações e lembrar-se sempre de que é um modelo a ser seguido.

• **Seja assertivo e direto.** Defina claramente o que espera. Planejar estratégias e apresentar metas e objetivos possíveis é um excelente caminho. Use de coerência nesses momentos, acredite no que está propondo, não improvise ou demonstre insegurança. Para o exercício da liderança, é fundamental estar seguro dos caminhos a que pretende levar a sua equipe. Um alerta: estar seguro não significa ser teimoso e não mudar de opinião. Se observar que há falhas em suas diretrizes, admita-as e recue para novo planejamento.

VIREI CHEFE, E AGORA?

- **Seja presente.** O isolamento é uma característica natural no exercício da liderança. Muitas vezes, o líder sente-se sozinho quando precisa tomar decisões, e acaba se afastando de seus pares e de sua própria equipe. Saiba que é muito importante que seus subordinados vejam você trabalhando ao lado deles, interagindo com eles e orientando-os em cada etapa dos processos. Lembre-se apenas de ser discreto com seu lado mais pessoal. Uma grande intimidade pode trazer conflitos de interesses e atrapalhar suas decisões.

- **Seja informado.** Atualize-se sempre, leia tudo o que estiver ao seu alcance, principalmente artigos sobre gestão de pessoas. Não caia na armadilha do chefe que acaba deixando de lado seu próprio desenvolvimento. Crie uma disciplina pessoal, persista em continuar habilitado e não confie apenas em suas experiências – afinal, o mundo está em constante mudança e quem estiver parado ficará para trás e terá sua autoridade fragilizada. Se puder, assine revistas sobre gestão e estratégia, visite *sites* corporativos, participe de palestras, seminários e *workshops*. Isso o ajudará a manter-se em dia com os fatos e também com sua rede de relacionamentos, a famosa *network*.

- **Seja positivo.** Tenha sempre em mente que todos esperam de você uma visão clara das possibilidades para solução dos problemas, ou seja, nada pode chegar até você e sair sem uma alternativa. Essa é a expectativa de todo subordinado com relação a seu chefe imediato. Uma das melhores características de líderes históricos era o otimismo, o pensamento positivo. Ter uma atitude de superação, de ser um "arquiteto do impossível", certamente trará inspiração para o engajamento de sua equipe.

• **Seja um bom ouvinte.** As atividades de seu cotidiano certamente vão desafiar sua atenção, fazendo que você adote uma postura desfavorável quando tiver de ouvir um subordinado. Uma das cenas mais comuns em ambientes corporativos é um chefe tentar conversar com seu subordinado enquanto está respondendo a um *e-mail*. Essa atitude destrói qualquer motivação. Quando estiver com sua equipe, esteja com ela de fato. Seja empático, ouça com atenção o que eles estão trazendo para você. O líder sabe se colocar no lugar do outro para melhor compreendê-lo e aceitá-lo, mesmo, e principalmente, se não concordar com o que ele diz.

• **Seja franco e honesto.** Durante sua gestão, inúmeros fatos podem comprometer o desempenho de sua equipe ou mesmo sua autoridade. Por isso, seja o primeiro a desmentir boatos, a dar as boas notícias e também as ruins. Esteja sempre à frente do time, ajudando-os a acertar o rumo.

• **Seja humilde.** A melhor forma de acessar os veteranos é com a humildade e o respeito. Para isso o líder precisa acreditar na capacidade de seus colaboradores mais velhos, afastando-se de qualquer tipo de julgamento que

VIREI CHEFE, E AGORA?

> possa explicar o fato de você estar na liderança e eles não. A trajetória que leva uma pessoa à liderança é complexa e agrega diversos fatores, nenhum deles estão ligados ao tempo de casa ou à idade, como vimos nos primeiros capítulos. Ser líder está muito mais associado ao interesse e até à vocação para se expor aos desafios do cargo, e, sendo bastante realista, não são todas as pessoas que desejam assumir o papel de chefe. Mesmo assim, elas são muito capacitadas e merecem ser tratadas com respeito.

Não quero trabalhar no inferno!

ERA MAIS UM DAQUELES DIAS *que gostaríamos de esquecer.*

Logo pela manhã o trânsito já sinalizava que as coisas não caminhariam bem. O carro da frente insistia em perambular pela rua com uma lentidão torturante. Justo naquele dia que ele precisava chegar mais cedo ao escritório para finalizar um relatório que, de tanta pressão que recebeu para entregar, parecia ser a salvação do planeta.

Até mesmo ouvir o noticiário no rádio trouxe uma refinada dose de autopunição. Cada matéria, escolhida pelos jornalistas naquele início de manhã, revelava uma desgraça ou uma injustiça ocorridas recentemente. O cenário fora do carro também não era muito animador. Os

GERAÇÃO Y

ônibus e as lotações passavam abarrotados de pessoas espremidas e sufocadas.

Nenhum sorriso, nenhuma alegria, apenas rostos angustiados e concentrados em seu próprio universo, talvez apenas esperando que aquele dia acabasse logo.

Quando ele chegou ao seu trabalho, descobriu que, durante a madrugada, um problema nos computadores destruíra o relatório que havia preparado durante a semana. Assim, aquilo que seria uma simples revisão se tornou um castigo imenso, comprometendo as outras atividades do dia, inclusive o almoço de reencontro com um antigo colega de escola.

Voltando para sua casa no fim do dia, sentia uma sensação de déjà-vu, pois os carros lentos, os ônibus lotados e os rostos angustiados faziam novamente parte do cenário. O único pensamento que conseguia formular sobre isso era o de que não havia nada de novo, tudo sempre fora assim. Ao chegar em casa, depois de estacionar seu carro, encontrou um vizinho simpático que lhe perguntou:

– Como vai, vizinho?

A resposta saiu sem energia e quase automática:

– Vou indo...

O vizinho não quis ampliar a conversa, talvez por receio de se contaminar com a falta de entusiasmo da resposta.

Ao entrar em casa, ele foi recebido por um garoto que não tinha altura suficiente para um cumprimento mais próximo e, sendo seu filho, curvou-se para dar-lhe um beijo.

VIREI CHEFE, E AGORA?

O movimento revelou-se traumático, pois seu corpo sedentário não lhe proporcionava a flexibilidade de outros tempos. O sedentarismo também determinou suas próximas ações, fazendo que o prometido jogo de bola com o filho fosse novamente adiado para outra ocasião.

Digeriu o jantar durante uma nova dose de autopunição, dessa vez proporcionada pelo telejornal. Depois de cochilar no sofá por alguns instantes, entregou seu corpo para a sedutora cama, começando seu sono com imagens e pensamentos das atividades que realizaria no dia seguinte.

Muitos anos se passaram, e essa rotina foi se cristalizando de tal forma que parecia fazer todo sentido. Quando era questionado sobre sua vida, ele sempre respondia:

– Vou indo...

Quando seu filho já tinha altura para cumprimentá-lo sem que isso representasse um esforço físico, ele foi surpreendido por uma pergunta:

– Pai, sempre vejo você cansado, chateado, esgotado. Você não parece feliz! E para onde está "indo", quando as pessoas cumprimentam você?

Ele não tinha uma resposta pronta, mas tentou esboçar um argumento que pudesse ser coerente:

– Filho, eu sigo minha vida, vou indo para onde todos nós vamos. Gostaria de ser mais feliz, sim, mas o meu trabalho é um inferno. Quando chego de lá, estou completamente acabado. Desde que assumi a chefia do departamento, não tenho tempo para mais nada. Gasto parte de minhas energias

cuidando de garantir o meu emprego, pois minha posição é muito cobiçada por causa dos privilégios que tenho – também, com tantas responsabilidades, alguma coisa eu precisava ter de vantagem. Mas a verdade é que eu não vejo a hora de me aposentar e sair de lá. Aí eu vou ser feliz!

Antes que o filho comentasse, ele perguntou:

– Mas e você, meu filho, o que pensa em fazer da vida? Pra onde vai?

O jovem respondeu:

– Pai, não sei pra onde vou no futuro, mas uma coisa eu posso lhe garantir, vou pensar muito antes de querer ser chefe. Talvez eu queira ter outro tipo de trabalho, em que possa apenas realizar projetos e não ficar lutando por cargos. Não sei se conseguirei, mas de uma coisa já tenho certeza: não vou mandar meu currículo para sua empresa, pois eu quero ser feliz antes de me aposentar. Não quero trabalhar no inferno!

ONDE TÁ PEGANDO?
ESCOLHAS, SEMPRE AS ESCOLHAS!
QUANDO 4 VALE 10

FOCO, GERAÇÃO Y, FOCO!

*O primeiro passo indispensável para
conseguir as coisas que você quer da
vida é este: decida o que você quer.*

BEN STEIN

Onde tá pegando?

RECEBO MUITAS MENSAGENS de jovens frustrados com suas vidas, principalmente na trajetória profissional. Muitos têm manifestado uma grande insatisfação com as coisas que não acontecem. Querem entender por que demoram para ser reconhecidos, por que nunca conseguem uma boa posição. Dizem que muitas vezes sentem-se derrotados quando ouvem falar de jovens que deram uma tremenda sorte como o dono do Facebook, Mark Zuckerberg. A grande pergunta sempre é: "Onde tá pegando?"

GERAÇÃO Y

Os jovens da *Geração Y* começaram a se preocupar desde cedo com valores como **vida pessoal**, **bem-estar** e **enriquecimento**. Esse comportamento também estava presente nas gerações anteriores; contudo, os contextos e os modelos de soluções para essas questões eram muito diferentes. Os desafios atuais exigem que o jovem tenha uma profunda capacidade adaptativa. Por isso, depois de ler todos estes capítulos, provavelmente ainda restará a dúvida de como agir para realmente atingir seus objetivos. Sugiro, então, que o jovem se preocupe principalmente com alguns aspectos:

1. RELAÇÕES PESSOAIS

No passado se valorizava muito a construção de relações estáveis e duradouras que pudessem servir de suporte para a pessoa no fim da vida. Os relacionamentos tinham como expectativa principal os benefícios mútuos e eram baseados na **confiança**, na **reciprocidade** e, sobretudo na **fidelidade** aos termos que promoveram a relação. Esses conceitos serviam tanto para relações familiares e de amizade como também para relações corporativas.

Essas expectativas ainda sobrevivem e exercem forte influência nos relacionamentos atuais, inclusive nos da *Geração Y*. Contudo, as novas possibilidades de comunicação, alteradas principalmente pela tecnologia, que promove uma potencialização na quantidade de contatos possíveis, tornaram as relações pessoais mais frágeis e superficiais.

FOCO, GERAÇÃO Y, FOCO!

É muito comum observarmos jovens deixando de emitir uma opinião quando estão em um contato pessoal direto, para em seguida desabafar seus pensamentos e descarregar toda sua "fúria" em um *blog* ou em um *post* no *twitter*. Também é conhecida a atual introversão do jovem em seu universo particular, utilizando a internet como janela de comunicação com o mundo. Não foram poucas as vezes que ouvi histórias de pais que se comunicam melhor com seus filhos usando *e-mail* ou SMS.

Estamos em um tempo de transformações, em que pessoas de diversas gerações precisam se adaptar para entender os novos conceitos de relacionamento. Para usufruir relações produtivas, o jovem precisa considerar muito bem o contexto da geração com que está se relacionando, lembrando que cada pessoa recebeu um conjunto particular de estímulos e experiências e, portanto, possui diferentes referenciais e reage segundo suas próprias convicções. Por isso, o confronto sem estratégia é absolutamente negativo.

Muitos conflitos entre gerações estão acontecendo, principalmente por haver um confronto de forças entre os mais jovens e os mais velhos. Pela internet circulam diversas histórias como esta:

Um jovem muito arrogante, que estava assistindo a um jogo de futebol, tomou para si a responsabilidade de explicar a um senhor já maduro, próximo dele, por que era impossível a alguém da velha geração entender essa geração. Ele disse:

GERAÇÃO Y

– Vocês cresceram em um mundo diferente, um mundo quase primitivo! – disse o estudante, em tom alto e claro, de modo que todos em volta pudessem ouvi-lo. – Nós, os jovens de hoje, crescemos com internet, celular, televisão, aviões a jato, viagens espaciais, homens caminhando na Lua, espaçonaves visitando Marte. Nós temos energia nuclear, carros elétricos e a hidrogênio, computadores com grande capacidade de processamento...

O estudante fez uma pausa para tomar um gole de cerveja. O senhor se aproveitou desse intervalo para interromper a liturgia do estudante em sua ladainha e dizer:

– Você está certo, filho. Nós não tivemos essas coisas quando éramos jovens porque estávamos ocupados em inventá-las. E você, um infeliz arrogante dos dias de hoje, o que está fazendo para a próxima geração?

Que tipo de resultado pode surgir desse relacionamento? Infelizmente, sustentar esse tipo de atitude bloqueia o acesso a toda experiência e conhecimento dos veteranos, que optam por estabelecer relações utilitárias e fúteis, baseadas apenas no julgamento mútuo.

Na verdade, é preciso considerar todos os relacionamentos com mais profundidade, equilibrando a forma virtual e presencial, de modo que se possam resgatar valores como **confiança**, **reciprocidade** e **fidelidade**, pois serão esses os fatores que no fim tornarão os seus desafios mais intensos e com maiores benefícios.

2. CONECTIVIDADE

Uma das principais características da *Geração Y* é o total domínio das novas tecnologias. O acesso fácil a todo tipo de tecnologia possibilitou o desenvolvimento da capacidade de fazer várias coisas simultaneamente. Para surpresa de algumas pessoas, um jovem trabalha ao mesmo tempo que ouve música, navega em redes sociais e fala ao celular. Tudo isso sem deixar de ser produtivo.

> Muito bem, você pode se considerar um jovem normal, pois não há nada de especial em fazer muitas coisas ao mesmo tempo, pelo menos não para pessoas dessa geração, que é com quem de fato você está competindo por melhores oportunidades.

Conheci um jovem de apenas 20 anos que, em seu trabalho, entra em contato com diversas pessoas de vários estados do Brasil. Certa vez ele disse:

– Eu trabalho com outras 72 pessoas, das quais cinquenta eu nunca vi pessoalmente. Para poder trabalhar, nós conversamos utilizando ferramentas como o *skype*, o *teamspeak* e o *google talk*, trocamos arquivos pelo *dropbox*, nos relacionamos no lado pessoal pelo *facebook* e ficamos sabendo do que os outros têm feito pelo *twitter*.

GERAÇÃO Y

Esse jovem certamente faria que um veterano ficasse perplexo e até incrédulo, mas isso não é um diferencial significativo. A dinâmica do mundo atual é menos estruturada, mais flexível e abstrata. O modelo digital permite a simultaneidade de atividades; por isso, até mesmo veteranos estão se tornando multitarefa.

A fragilidade pode estar justamente na confiança que depositam nessa capacidade tecnológica. Diversos jovens ficam horas na internet e não sabem de quase nada sobre coisa alguma. Navegam de acordo com as ondas do momento – os *Trend Topics*. Têm dificuldades em utilizar com estratégia o universo de informações disponíveis. Ocupam o tempo olhando para as mesmas coisas e acabam aprisionados por futilidades sem valor e significado, dando uma ótima audiência a quem produz conteúdo vazio.

Um excelente caminho é aproveitar toda sua capacidade de relacionamentos virtuais para ampliar suas conexões lendo (muito!) conteúdos que acrescentem algum valor aos objetivos que estabeleceu para sua vida.

Seja disciplinado e obcecado por informações das áreas que lhe interessam. Procure referências, escreva comentários, *tweet* e *retweet* coisas interessantes, fuja das bobagens, participe de grupos de discussão sobre os temas que estão em suas prioridades. Entenda o

FOCO, GERAÇÃO Y, FOCO!

> que está lendo, não fique apenas memorizando manchetes para parecer que está por dentro das atualidades. Seja conectado.

3. ESTRATÉGIA

Estratégia é uma palavra de origem no grega – *stratègós*, de *stratos*, "exército"; e *ago*, "liderança" – que significava algo como "a arte do líder" e designava o comandante militar, na época da democracia ateniense. Com o tempo, a palavra foi incorporada ao mundo empresarial e novas definições surgiram da abstração de seu significado original. Uma das minhas preferidas atribui como estratégia **os caminhos e as escolhas que são priorizados para atingir um objetivo**.

Esse é um conceito simples de teorizar mas complexo de praticar, principalmente porque determina a necessidade de fazer escolhas, ou seja, é preciso estabelecer perdas.

Certamente você está avaliando a complexidade do cenário atual com suas inúmeras e sedutoras possibilidades, por isso não é fácil fazer escolhas. Mas, acredite, sem elas não há como estabelecer uma boa estratégia sobre seu futuro.

A maior dificuldade está em admitir uma perda, pois, como você bem sabe, a *Geração Y* foi sempre estimulada a "vencer". Seja no *videogame*, na escola ou em ▶

> casa, toda orientação que recebeu o pressionava a ser vitorioso. Ganhar é a única possibilidade aceitável em nossa sociedade. Como fazer escolhas significa "perder" alguma coisa, tentamos evitar tomar decisões, ou pelo menos adiamos o quanto podemos.
>
> Entretanto, as oportunidades seguem seu próprio ritmo e somente em algumas condições elas se alinham às suas escolhas. Quando isso acontece, certamente o resultado é fantástico. Uma das coisas que você deve fazer, então, é estabelecer as prioridades de sua vida, mas fique atento para também estabelecer prazos coerentes para elas.

Por exemplo, normalmente os jovens da *Geração Y* querem uma ascensão rápida na carreira e estão dispostos a fazer de tudo para conseguir isso. Na maioria das vezes, estabelecem um prazo irreal para a realidade em que se encontram. Em suas estratégias de carreira, priorizam a própria qualificação e desprezam os fatores culturais e os relacionamentos corporativos. Como resultado, acabam se afogando em ansiedade extrema. Em geral, abandonam um emprego frustrados pelo fracasso, alegam falta de desafios e começam tudo novamente em outra empresa, em outra realidade.

FOCO, GERAÇÃO Y, FOCO!

> Um bom caminho é observar atentamente a carreira de profissionais que você considera um sucesso. Estudar sua trajetória, suas falhas e seus acertos é sempre muito útil para criar as próprias estratégias.

Escolhas, sempre as escolhas!

UMA DAS FRASES que mais ouço dos jovens é:

— Não sei o que quero fazer, só sei que quero fazer o que gosto...

Essa é uma postura muito firme que aparentemente demonstra personalidade. Parece bastante nobre ter esse tipo de comportamento diante da vida; contudo, essa demonstração de determinação é inútil, pois está associada à total falta de objetivos, de uma missão de vida, de um significado para as escolhas e decisões que tomamos. Quase sempre, ao ouvi-la, lembro-me de outra frase:

— Se você não sabe para onde vai, qualquer caminho serve.

Há certa confusão quando o jovem precisa definir seu caminho para o futuro. Na maioria das vezes, ele confunde as metas com o próprio significado em que deveria basear as suas escolhas — sua missão pessoal.

GERAÇÃO Y

As metas têm um papel muito importante em nossas vidas. Indicadores de sucesso para nossas estratégias, elas servem como guias que indicam a direção que queremos tomar, mas não conseguem alcançar um significado maior do que a expectativa ou o resultado que estabelecemos. E é exatamente isso que confunde e fragiliza a busca por um objetivo na vida do jovem.

É muito comum encontrar jovens que dizem ter como objetivo de vida coisas como conquistar a independência financeira, comprar uma casa, trabalhar no exterior, ser um executivo de sucesso etc. Nada contra querer alcançar objetivos assim, eles são desafiadores para qualquer um e representam etapas importantes no desenvolvimento pessoal. Entretanto, coisas dessa natureza não significam nada além de metas.

> Se as escolhas tiverem apenas as metas como base, haverá uma espécie de vazio ao alcançá-las. Por exemplo, você queria ser um executivo e agora é. Ok, parabéns! Mas e daí? Para que serve isso? Para que você lutou por isso? O que acontece agora?

Sem ter as respostas para essas perguntas, a ansiedade surge com força, principalmente se as metas não estão sendo alcançadas ou, ainda, se ocorrem fatores que as ameaçam. Normalmente o insucesso em atingir resultados frustra e leva a buscar justificativas ou mesmo culpados, sem analisar corretamente todos os fatos.

O caminho está em estabelecer uma "missão pessoal", em que as metas sejam parte da estratégia para o cumprimento dela. A missão pessoal está ligada ao significado que damos aos objetivos: "Para o que estamos mobilizando nossa energia e nossos recursos? O que pretendemos fazer quando atingirmos nossas metas?"

Quando temos uma missão pessoal, há um movimento que nos leva a enxergar oportunidades e recursos que não havíamos percebido. Pessoas que conhecem a nossa missão se disponibilizam a ajudar. Além disso, fica mais fácil identificar com clareza quem tenta influenciar de forma oposta, ou seja, quem atrapalha.

Para construir uma missão pessoal há um caminho muito simples a ser considerado. Ele passa pelas escolhas e pelo significado que damos a elas.

ESCOLHAS

Tudo começa com as escolhas. Vivemos momentos fantásticos e também momentos terríveis. Independente da forma como as coisas ocorrem, sempre seremos responsáveis pelas consequências, pois ao tomar nossas decisões influenciamos tudo o que nos acontece. Somos aquilo que escolhemos ser!

GERAÇÃO Y

É evidente que há pedras no caminho, desafios que não conhecemos, momentos de pouca energia, enfim, não é fácil fazer escolhas... Contudo, uma coisa é bastante interessante – não importa o quanto erremos em nossas escolhas, sempre podemos recomeçar, pois na verdade nossa vida é feita de ciclos e sempre que um acaba outro tem início.

Devemos escolher um projeto de vida. O simples fato de ter uma direção e querer seguir nela é o suficiente para transformar uma possibilidade em realidade. Entretanto, precisamos ser ousados e corajosos em nossas escolhas, pois certamente em algum momento vamos falhar e nem sempre a boa intenção será suficiente. Isso provocará insegurança!

Para superar os desafios, é preciso ser persistente e estratégico, construindo alianças e parcerias que sejam promissoras. Também é necessário usar sempre a sua criatividade, mas saiba que para ser criativo é preciso experimentar coisas novas.

Nossa vida é dominada por nossas escolhas, mesmo quando inocentemente acreditamos que não escolher nos isenta das consequências. Bobagem! Não escolher também é uma escolha, mas com resultados muitas vezes inesperados. Por isso você deve fazer escolhas e estabelecer metas que levem a um efetivo envolvimento com elas.

> Lembre-se: você é o resultado de suas escolhas, por isso escolha ser o melhor que puder.

SIGNIFICADO

Gosto de pensar que o envolvimento é a primeira manifestação efetiva de alguma escolha. Quando finalmente o jovem escolhe um caminho, ele se entrega por inteiro. É como se sentisse uma energia diferente, mobilizadora, capaz de superar qualquer obstáculo.

De alguma forma, é libertador fazer uma escolha e poder se envolver com ela. Vejo muito isso quando encontro jovens calouros em universidades ou recém-contratados para o primeiro emprego. Esta é uma de suas principais forças: a energia característica própria da juventude e também a ousadia para "quebrar paradigmas" e promover inovações que possam diferenciar a empresa no mercado hipercompetitivo.

Entretanto, é sempre um grande desafio nos mantermos firmes nas escolhas que fazemos. Logo encontramos obstáculos que nos desestimulam e provocam uma intensa vontade de desistir. Aliás, tem sido bastante comum vermos jovens desistindo ou perdendo o foco e se envolvendo com outras escolhas, principalmente porque não enxergam os resultados.

Isso acontece porque muitos jovens optam por uma estratégia arriscada, depositando todas as expectativas nos resultados almejados com as escolhas e acreditando que, estabelecendo algumas metas e "correndo atrás", o resultado acontecerá. Se não acontecer, ele faz novas escolhas e começa tudo novamente. Isso gera apenas perda de energia e uma sensação de estagnação, de fazer muita coisa mas nada de fato acontecer.

A chave para superar os desafios está em encontrar um significado para as escolhas que fazemos antes de pensar nos resultados que pretendemos alcançar.

Dar um significado exige muito mais de nossas escolhas, pois precisamos determinar o motivo de nossa escolha, ou seja, o que esperamos alcançar com os resultados de cada uma de nossas decisões.

Lembro-me de um momento que me ajudou bastante a entender o que é uma escolha com significado. Meu sogro precisou fazer uma cirurgia no coração. Como consequência, o médico orientou que ele teria de caminhar

FOCO, GERAÇÃO Y, FOCO!

diariamente, caso contrário o problema voltaria mais forte e sua vida estaria sob risco. Meu sogro deixou a vida sedentária e se tornou um caminhante extremamente disciplinado, mesmo depois de passados muitos anos da cirurgia, não desistindo um dia sequer, nem quando chove intensamente.

Conversando com ele, questionei onde encontrava motivação para caminhar todos os dias, afinal eu já havia tentado fazer o mesmo e nunca conseguia levar os exercícios adiante. Antes de ouvir sua resposta, ainda fiz uma pergunta que se mostrou prematura:

— O senhor caminha todos os dias porque tem medo de voltar para a mesa de cirurgia ou de morrer?

Ele sorriu e disse com toda simplicidade que não tinha medo da cirurgia, muito menos de morrer, pois sabia que um dia morreria de qualquer modo.

Ansioso, eu questionei novamente:

— Então, onde o senhor encontra forças para caminhar todos os dias, para sustentar essa escolha, faça chuva ou faça sol?

Ele respondeu:

— Sabe, o médico me disse que, se eu não caminhasse todos os dias, viveria menos. Pensei bastante e escolhi caminhar todos os dias e viver mais, para que eu pudesse ver meus netos crescerem.

Essa era a chave para o resultado que ele almejava — ele tinha uma resposta para a questão fundamental do "dar

GERAÇÃO Y

significado": "Para quê?" No caso dele a resposta era "Para que pudesse ver os netos crescerem".

É difícil entender o que os netos significavam para ele, principalmente porque eu não tenho netos (ainda), mas percebi que ele havia estabelecido uma razão maior do que o simples fato de ter como resultado a manutenção de sua saúde, ou seja, a própria vida. Ele optou por estar com seus netos por um tempo maior, e faria todas as escolhas necessárias para ter esse privilégio. Tornou-se missão pessoal estar vivo para seus netos.

Certamente é muito mais sustentável estabelecer significados para nossas escolhas. Descobrimos, assim, motivos mais claros e uma energia que nos ajuda a transpor os desafios, mesmo que eles ocorram em meio a grande turbulência.

Isso acontece por existir uma conexão com a essência do que de fato buscamos com nossas escolhas, que é a **autorrealização.** Desejamos imensamente ser reconhecidos por nossas escolhas, o sentido de que valeu todo esforço, todo sacrifício. Sentimo-nos merecedores desse reconhecimento, principalmente quando temos uma grande quantidade de desafios superados em nossa trajetória. Sentir-se realizado é dar significado à nossa vida.

Muitas vezes, por não enxergarmos a possibilidade de sermos reconhecidos, olhamos apenas para os resultados e, enquanto eles ainda não são alcançados, corremos o risco de deixar que a frustração coloque nossas escolhas em constantes desafios.

FOCO, GERAÇÃO Y, FOCO!

> Por isso, lembre-se: somente um significado bem claro pode garantir os resultados que serão reconhecidos e o farão sentir-se plenamente realizado.

O mais interessante em tudo isso é que a missão pessoal é sustentada justamente pelo próprio sentido de autorrealização, pois é ela que nos ajuda a fazer novas escolhas, estabelecendo um ciclo positivo e de sucesso.

> Procure colocar essa estrutura à prova, analise a vida de pessoas que você conhece e respeita pelo sucesso que alcançaram. Certamente você vai encontrar modelos que podem inspirá-lo em suas próprias escolhas e significados.

GERAÇÃO Y

Quando 4 vale 10

Tudo começou quando um professor apresentou um desafio aos alunos do último ano de Comunicação em uma universidade de uma grande metrópole.

Sentindo dificuldade em lidar com seus jovens alunos que estavam sempre desmotivados e dispersos, o professor pesquisava incessantemente modos de inovar e resgatar o interesse da turma sobre sua matéria – Comunicação Social. Antes de propor o desafio, o professor procurou compartilhar suas dificuldades com outros professores e percebeu que não era o único passando por problemas na sala de aula.

Várias reclamações já estavam surgindo no conselho de ensino daquela instituição. Professores solicitavam que os alunos fossem proibidos de usar celulares e *notebooks*, pois nunca prestavam atenção na aula; ao contrário, estavam sempre em conversas virtuais ou em redes sociais.

Uma das dificuldades alegadas era a de manter o plano de aula, pois muitas vezes eram interrompidos por alunos que haviam pesquisado o tema da aula na internet e preferiam contestar o professor, em vez de deixar acontecer a exposição do tema como fora preparado. Quando um professor era um pouco mais enérgico e firme, quase imediatamente surgiam comunidades virtuais do tipo "Eu odeio o professor tal", nas quais diversos alunos ridicularizavam a atitude dura do profissional e atribuíam notas baixas ao mestre.

FOCO, GERAÇÃO Y, FOCO!

Havia um clima de conflito indireto entre as pessoas da universidade. Alguns alunos se dedicavam a atingir os professores, contestando a forma, o método e até mesmo as matérias que estavam sendo apresentadas, enquanto os professores se revezavam em submeter os alunos a avaliações cada vez mais formais e rígidas.

Motivado por toda repercussão sobre o tema *Geração Y*, aquele professor decidiu propor o estudo do tema aos seus alunos. Desafiou os alunos a apresentar um trabalho de conclusão de curso que pudesse descrever a *Geração Y* com todas as suas características e expectativas. Seria um trabalho definitivo e com um peso fundamental na nota final. Os alunos deveriam se agrupar e realizá-lo contemplando todos os aspectos na vida dessa jovem geração.

Tentando extrair algo que pudesse criar indicadores que ajudassem a ele e aos demais colegas em suas aulas, o professor determinou como tema central do trabalho: "O que quer a *Geração Y?*". Certamente, também havia a intenção oculta de levar os alunos a refletir sobre seus posicionamentos, esperando que eles mudassem suas atitudes em sala de aula depois que tivessem pesquisado todas as informações necessárias para o trabalho.

O professor acreditava que quando os alunos refletissem sobre os paradoxos e as incoerências de seu comportamento perceberiam que estavam atrasando seu desenvolvimento. A premissa dele era que, agindo da forma como agiam, acabariam tendo problemas no mercado de trabalho. Ele esperava

GERAÇÃO Y

que seus alunos aprendessem a se enquadrar às regras e aos métodos estabelecidos.

Um pouco indignados com a proposta do tema, os alunos se reuniram em pequenos grupos e começaram suas pesquisas. Houve algum preconceito por rotularem os jovens como *Geração Y*, e muitos alunos se mostraram incomodados em ser classificados e tentaram sugerir outro tema ao professor, mas não tiveram sucesso.

Depois de alguns dias, os primeiros grupos já reclamavam que era impossível realizar o trabalho, pois não havia bibliografia nem pesquisas sobre o assunto. O professor se manteve firme e desafiou os alunos a buscar alternativas, pois a nota do trabalho era extremamente importante. Chegou a provocá-los dizendo que eles eram muito acomodados, queriam tudo pronto, que achavam suficiente apenas copiar e colar.

Um grupo de alunos enfrentou o desafio com força e decidiu inovar. Começaram por conta própria uma intensa pesquisa com os jovens da própria universidade. Depois de alguns dias, já haviam identificado diversos comportamentos divididos em grupos, cada um com características e manifestações diferentes. Perceberam que seria impossível classificar todas as singularidades de forma coerente em apenas um único trabalho.

Surgiu então a ideia de realizar um vídeo que mostrasse todas essas características e comportamentos aproveitando o ambiente da universidade. Seria escolhida uma música que representasse a *Geração Y* e diversos jovens interpretariam os grupos pesquisados.

No momento que decidiram realizar o trabalho dessa forma, eles não imaginaram os desafios que surgiriam. O primeiro obstáculo era justamente realizar o vídeo na universidade. Havia uma norma que proibia filmagens no interior do *campus* sem a aprovação prévia da reitoria. Mesmo com essa regra, havia vários vídeos publicados na internet, muitos deles criticando a universidade, e também diversos vídeos de professores, que tinham interesse em tornar mais visíveis suas aulas e eventualmente ser convidados para fazer palestras fora do meio acadêmico.

Mesmo assim, quando o grupo solicitou autorização para usar o auditório para a filmagem, foi surpreendido com a negação. Os responsáveis alegaram que o espaço estaria ocupado todo o tempo e não poderia ser cedido.

Um dos alunos do grupo teve então a ideia de fazer o vídeo utilizando uma técnica chamada "plano-sequência". Ele explicou que o grupo deveria espalhar os participantes do vídeo por todo o *campus* e a câmera seguiria por um caminho previamente estabelecido, focando cada um dos participantes, que, por sua vez, fariam pequenas *performances* de acordo com o trecho da música que estaria tocando em um alto-falante próximo da câmera. Isso aconteceria de uma só vez, sem cortes, e duraria exatamente o tempo da música, em uma única sequência.

Todos no grupo adoraram a ideia e já imaginaram o tamanho do desafio. Quando começaram a elaborar o roteiro

GERAÇÃO Y

do vídeo, perceberam que, para contemplar todas as características e grupos, precisariam mobilizar pelo menos 120 pessoas, o que só poderia acontecer se eles convencessem alunos de outros grupos a participar do evento. Isso não seria muito simples, afinal os demais grupos também estavam fazendo o próprio trabalho.

Outra grande dificuldade seria escolher uma música que pudesse representar as expectativas dos jovens, mas também tivesse um tempo de duração que possibilitasse a execução do vídeo. Depois de muitas simulações e muita matemática, concluíram que o tempo da música deveria ficar próximo dos cinco minutos, assim poderiam montar um roteiro que permitiria a exposição média de 2,5 segundos por participante. Além disso, precisariam estabelecer o caminho que a câmera percorreria, determinar a posição e o papel de cada participante, assim como o que cada um deles faria nos poucos segundos em frente à câmera.

Não foi fácil, mas eles superaram todos esses desafios e conseguiram mobilizar 177 pessoas para o dia da filmagem.

Todos estavam bastante ansiosos. Como não havia condições de reunir todos os participantes por causa da dinâmica de horários de cada um, os ensaios aconteceram em fragmentos, em pequenos grupos. Cada aluno foi informado apenas de que deveria aguardar em sua posição no *campus* da universidade. Em algum momento o câmera passaria e o alto-falante deveria estar tocando exatamente o trecho da música que o participante havia ensaiado.

FOCO, GERAÇÃO Y, FOCO!

O roteiro que eles criaram começava fora da universidade com um aluno chegando de bicicleta e cantando o início da música. Na sequência, a câmera entraria pelo corredor principal e alunos começariam a aparecer rapidamente, cantando o trecho correspondente da música, sempre devidamente caracterizado como um aspecto da *Geração Y*.

Em alguns lugares, havia grupos de alunos simulando situações do cotidiano dos jovens, como festas, academia de ginástica, estudos no computador, namoros, brincadeiras e coisas do gênero. Foram contempladas inclusive cenas de jovens simulando o consumo de bebida alcoólica e fazendo insinuações sensuais. O tom de cada *performance* era muito descontraído, de certo modo, irreverente. A intenção era apresentar todos os aspectos da vida do jovem da *Geração Y*, sem dissimulações e da forma mais verdadeira e completa possível nos cinco minutos da música.

Quando terminaram a filmagem, o entusiasmo era contagiante. Os alunos participantes estavam contentes de fazer parte de um evento tão diferente e tão divertido. O grupo que estava realizando o trabalho se reuniu para preparar a apresentação e decidiu entregar o vídeo sem qualquer tipo de corte.

Na data de entrega do trabalho os alunos estavam eufóricos. Durante todo o tempo eles mantiveram total sigilo sobre o que haviam feito. Mesmo quando o professor questionava sobre o andamento do projeto, eles não davam maiores detalhes.

GERAÇÃO Y

Ao receber o trabalho, o professor estranhou que ele estivesse em um DVD; ele esperava uma versão encadernada e não digital. Contudo, não quis censurar o grupo por isso, afinal estava disposto a aceitar as mudanças que eram propostas por seus alunos. Era sua forma de sinalizar a boa vontade em resgatar o interesse deles. Como o professor não tinha como ver o conteúdo em sala de aula, priorizou a avaliação dos outros trabalhos e decidiu levar o trabalho para abrir no computador na sala dos professores.

Havia vários professores na sala quando o vídeo começou a passar. A música intensa e pulsante chamou a atenção de todos, que logo se aproximaram e começaram a reconhecer diversos de seus alunos realizando rápidas *performances*. As reações eram de surpresa a cada nova cena, com risadas mesclando-se a comentários de desaprovação pelo que estavam vendo.

O professor estava chocado. Definitivamente não esperava assistir a esse vídeo e ficou surpreso, principalmente por não encontrar no DVD nenhum outro arquivo com o trabalho. Preocupado que houvesse acontecido algum erro, ligou para um dos alunos do grupo e questionou sobre o que havia no DVD, recebendo a informação de que o trabalho do grupo era somente o vídeo.

O professor ficou indignado. Não podia acreditar que o desprezo de seus alunos pudesse atingir tal nível, permitindo que um grupo pudesse debochar abertamente de sua proposta de trabalho, e ainda envolvendo tantos alunos de outros grupos.

FOCO, GERAÇÃO Y, FOCO!

Decidiu reprovar o grupo atribuindo ao trabalho uma nota 4, insuficiente para que os alunos pudessem concluir seu curso. O grupo ficou revoltado com a nota dada ao trabalho e recebeu o apoio dos demais alunos da classe, que passaram a pressionar o professor a reavaliar o trabalho.

Diante de toda pressão, o professor decidiu levar o caso para a reitoria da universidade. Depois de realizar uma reunião de emergência com outros professores, o reitor decidiu emitir uma carta de advertência para os alunos daquele grupo, pois além de não realizarem o trabalho proposto eles ainda infringiram as regras realizando filmagens sem autorização, promovendo a anarquia do *campus*, retirando alunos de suas salas de aula e fazendo apologia ao consumo de bebidas e ao sexo.

Para o grupo, esse cenário deveria representar o fracasso total, e a nota baixa era o maior sinal de que não havia compensado todo o esforço. Entretanto, aqueles jovens usaram essa situação para se mobilizar em uma nova direção. Apesar de não terem o seu trabalho reconhecido, eles consideraram o resultado muito interessante, por isso publicaram o vídeo na internet, que logo se tornou um viral com milhões de visualizações, chamando a atenção de diversas produtoras de vídeo.

Em menos de um mês, todos os jovens daquele grupo já estavam ganhando dinheiro com a produção de outros vídeos, pois ficou evidente no mercado que eles tinham muito potencial para trabalhar com roteiros inovadores.

GERAÇÃO Y

Enquanto isso, a pressão provocada pela explosão de visualizações fez com que a direção da universidade fosse procurada pela imprensa para falar sobre o vídeo inovador, o que levou o reitor e o professor a rever seus conceitos de trabalho acadêmico.

Depois de novas conversas, agora incluindo os professores e os alunos, a universidade decidiu cancelar a advertência. O grupo também teve a chance de reapresentar o trabalho, quando pôde explicar todo o método que utilizou para realizar o vídeo. Foi assim que o conselho de professores reavaliou o trabalho e, diante da inovação da abordagem, decidiu atribuir a nota 10, anulando a nota anterior, o que acabou aprovando os alunos. Além disso, decidiram ainda incluir esse tipo de trabalho na grade curricular da universidade.

No início do ano seguinte, os alunos daquele grupo fizeram uma visita ao professor, que desde o episódio estava desestimulado com sua carreira, pois havia sido atropelado pelas mudanças e inovações que tanto buscava. Ele também reviu o trabalho e até realinhou suas próprias premissas, chegando a ver um real valor na proposta inovadora. Contudo, sentia-se desprestigiado na universidade por ter sido obrigado a modificar a nota que tinha atribuído a ele.

Os alunos do grupo decidiram visitá-lo para agradecer pelo 4 que haviam recebido. Disseram a ele que aquela havia sido a melhor nota que tinham recebido em todo o período na universidade, pois foi uma nota que os mobilizou.

FOCO, GERAÇÃO Y, FOCO!

Eles avaliavam que, se o professor tivesse dado uma nota boa, eles jamais teriam publicado o vídeo, e a consequência mais provável seria que o talento deles não teria sido reconhecido no mercado tão rapidamente.

Essa experiência é uma boa reflexão para os jovens da *Geração Y*.

Nem sempre você receberá um 10. Na verdade, é bem provável que receba várias notas 4, muitas delas injustamente. O que você fará com essa avaliação determinará seu sucesso no mercado de trabalho.

Saiba que você encontrará muitos veteranos que agirão como o professor que não entendeu a inovação, mas você precisa considerar que em breve também será um veterano.

Lembre-se: a fila sempre anda, mas para usufruir todos os privilégios e benefícios é preciso estar na fila.

BIBLIOGRAFIA

BATTISTI, Júlio. O princípio 80/20 e o foco nos resultados. *Loja Virtual Júlio Battisti*, Santa Cruz do Sul, 10 jun. 2002. Artigos. Disponível em: <http://www.juliobattisti.com.br/artigos/carreira/80-20.asp>. Acesso em: 3 abr. 2011.

ELMORE, Tim; CATHY, Dan T. *Generation iY*: our last chance to save their future. Nova York: Poet Gardener Publishing, 2010.

ERICKSON, Tamara J. *Plugged in*: the generation Y guide to thriving at work. Nova York: Harvard Business School Press, 2008.

FELIPPE, Maria Inês. Criatividade e inovação com foco em resultados. *Consultores*, São Paulo, 15 out. 2003. Disponível em: <http://www.consultores.com.br/artigos.asp?cod_artigo=227>. Acesso em: 3 abr. 2011.

HUNTLEY, Rebecca. *The world according to Y*: inside the new adult generation. Nova York, Allen & Unwin, 2006.

KOCH, Richard. *Princípio 80/20*: o segredo de se realizar mais com menos. Rio de Janeiro: Rocco, 2009.

LIPKIN, Nicole; PERRYMORE, April. *A geração Y no trabalho*. São Paulo: Campus, 2010.

McQUEEN, Michael. *The new rules of engagement*: a guide to understanding & connecting with generation Y. Nova York: Morgan James Publishing, 2010.

OLIVEIRA, Sidnei. *Geração Y*: o nascimento de uma nova versão de líderes. São Paulo: Integrare, 2010.

TAPSCOTT, Don. *A hora da geração digital*. São Paulo: Agir, 2010.

TIBA, Içami. *Adolescentes*: quem ama, educa! São Paulo: Integrare, 2010.

TULGAN, Bruce. *Not everyone gets a trophy*: how to manage generation Y. São Francisco: Jossey-Bass, 2009.

Emprego certo – UOL. Você é um líder. E agora? *Minha Carreira*: a Geração Y descobre o caminho, [S.l], 30 jun. 2010. Disponível em: <http://www.minhacarreira.com/2010/06/30/voce-e-um-lider-e--agora/>. Acesso em: 3 abr. 2011.